CONVITE
à REFLEXÃO

Elzio Ferreira de Souza (Médium)

e Deolindo Amorim (Espírito)

Convite à Reflexão

Biblioteca de Filosofia e Espiritismo

Biblioteca de Filosofia e Espiritismo

Coordenação
Rita Foelker

Capa
Fred Aguiar

Instituto Lachâtre
Caixa Postal 164 – CEP 12914-970
Bragança Paulista – SP
Telefone: 11 4063-5354
Site: www.lachatre.org.br
E-mail: editora@lachatre.org.br

2ª edição – Junho de 2012

Impresso no Brasil
Presita en Brazilo

CIP-Brasil. Catalogação na fonte

Amorim, Deolindo (espírito).
Convite à reflexão / pelo espírito Deolindo Amorim ; [psicodigitação e notas de] Elzio Ferreira de Souza. – Bragança Paulista, SP : Instituto Lachâtre, 2012.

144 p.

1.Espiritismo. 2.Literatura espírita. 3.Movimento espírita. I.Souza, Elzio Ferreira de. II.Título. III. Biblioteca de filosofia e espiritismo

CDD 133.9 CDU 133.7

Sumário

Um convite ao Convite...

A tarefa de apresentação de qualquer trabalho é algo espinhosa em todas as esferas; na do livro, um pouco mais aguda; e, em se tratando de obras espíritas, de caráter mediúnico, a responsabilidade do "apresentante" assume contornos mais sinuosos. Somando-se a tudo isso, ainda, a distinção do espírito comunicante e o caráter sério e respeitado do médium receptor, as dificuldades atingem níveis estratosféricos...

Nada obstante, ousamos traçar as presentes linhas, correndo o sério risco da impertinência, a fim de não deixar "passar em brancas nuvens" o grande significado que a publicação desta obra assume no contexto do movimento espírita brasileiro.

Convite à reflexão é mais um excelente fruto da parceria mediúnica estabelecida, desde fins da década de 1990, entre o médium Elzio Ferreira de Souza e o espírito Deolindo Amorim. Ambos, Deolindo e Elzio, se distinguem pela responsabilidade com que levavam a termo suas tarefas, dentro e fora do movimento espírita, constituindo-se em verdadeiras bandeiras do bem e da moral cristã.

Elzio, como gostava de ser chamado, nada obstante ser tratado como 'doutor Elzio', eu conheci nos idos de 2002 de maneira inusitada: através de um grupo de estudos pela internet. Era uma noite de sábado, passava das vinte e duas horas, quando entrei no grupo virtual e me deparei com um senhor, de mente jovem e avantajada cultura, que muito prazerosamente respondia às indagações dos internautas e enriquecia aquelas noites de sabedoria evangélica.

Deolindo Amorim, ao contrário, não conheci pessoalmente; contudo, contatos iniciais com suas obras, sobretudo *O espiritismo e as doutrinas espiritualistas* e *O espiritismo e os problemas humanos*, esta em parceria com Herminio C. Miranda, para logo despertaram, em mim, uma grande inclinação pelas suas abordagens, pelas suas construções doutrinárias.

O interesse pela obra de Deolindo surgiu, de maneira viva, em decorrência do contato com Elzio. É que, depois do "encontro virtual", fui convidado a passar uma tarde amena na 'Casinha', como era – e é – chamado, carinhosamente, o Círculo Espírita da Oração, instituição que fundou e dirigiu, até seu desencarne.

A visita tinha motivação certa: estava, à época, buscando a publicação do meu primeiro livro e Elzio, com sua natural disposição, se prontificou a ajudar. Entretanto, não era uma simples ajuda; era, sim, uma ajuda judiciosa, de quem conhecia de espiritismo e que, sem se fazer de rogado, analisava tudo quanto lhe caía nas mãos com critério e rigor, sem meias palavras ou receio de desagradar. Aliás, essa era uma das suas expressões mais marcantes: a franqueza.

Foi naquela tarde, num encontro cujo formato se repetiria muitas vezes, até seu regresso ao Além, em outubro de 2006, que tomei conhecimento de seu trabalho mediúnico com o espírito Deolindo Amorim, bem como da publicação, em 1999, da primeira obra de ambos, em parceria mediúnica: *Espiritismo em movimento*.

* * *

Deolindo Amorim e Elzio Ferreira de Souza são dois nomes que merecem, de todos, a mais alta distinção, e escrever sobre ambos, denotando o alcance doutrinário de suas obras, talvez reclamasse mais espaço do que essas páginas nos permitem.

Podemos dizer, porém, que Deolindo Amorim, que desde 1935 tem se revelado como o incansável trabalhador da divulgação do espiritismo, foi e ainda o é o grande responsável pela abertura do movimento espírita para o diálogo com os diversos ramos do conhecimento universal.

Discriminado e "pedantizado" pelos fariseus de seu tempo, criou o Centro Espírita 18 de Abril e, tempos depois, o Instituto de Cultura Espírita do Brasil (ICEB), na cidade do Rio de Janeiro, instituição inteiramente voltada para o estudo e difusão do espiritismo e dos evangelhos, onde a simplicidade, o didatismo, a sabedoria e o conhecimento aportaram, juntamente com a sua figura de cristão exemplar, desafiando a ignorância e a empáfia dos que o acusavam de elitista, apelidando jocosamente o ICEB de 'Sorbone'.

Mas a vida tratou de mostrar o acerto do empenho de Deolindo. Tempos depois, órgãos representativos de segmentos do movimento espírita passaram a adotar métodos semelhantes ao do escritor, realizando cursos de espiritismo e traduzindo, em linguagem clara e precisa, seus postulados para todas as classes sociais. Embora muitos assumam a paternidade de medida tão salutar e empreendedora, foi Deolindo Amorim quem, com sua sensibilidade acurada, primeiramente materializou iniciativa dessa natureza, antecipando-se a muitos.

Além de nos deixar pérolas doutrinárias, como *Africanismo e espiritismo*, *O espiritismo à luz da crítica*, *Cadernos doutrinários*, *Doutrina espírita* e *Ideias e reminiscências espíritas*, destacou-se como um dos mais respeitados jornalistas espíritas. Muitos foram os congressos que, ao lado de nomes como José Herculano Pires, pôde ele coordenar, fomentando o conhecimento espírita e as ações de difusão dos seus postulados.

Também se notabilizou por levar os temas espíritas para os meios acadêmicos, enfrentando plateias de doutos e letrados, embora não possuísse qualquer formação em nível superior. Temas como suicídio, aborto, pena de morte e a responsabilidade espiritual dos criminosos renderam grandes frutos e a adesão de acadêmicos e intelectuais ao espiritismo, além de lhe permitir, dentre outras publicações, a elaboração do livro *Espiritismo e criminologia*, que se tornou verdadeira referência no assunto.

Deixou o plano físico em 1984, mas não deixou de se interessar pelas "coisas" do movimento em que tanto colaborou, sobretudo com os artigos que escrevia, dentre outros órgãos, para o jornal *Mundo Espírita*, do Paraná. Como espírito, desde a década de 1990, passou a aproximar-se do médium Elzio Ferreira de Souza, de quem fora amigo, quando encarnado, e que, a partir de então, transformou-se em verdadeira "antena psíquica", a captar seus pensamentos e retransmiti-los, através da psicografia.

* * *

Seu nome é desconhecido dos espíritas. Contudo, sua contribuição para o movimento espírita nacional é invulgar, e merece ser destacada nessas páginas.

Elzio Ferreira de Souza, tal como Deolindo, era baiano e um verdadeiro amante dos livros. Procurador de justiça aposentado, desde 1951 vinha se dedicando ao espiritismo, através da palavra oral e escrita, mas, sobretudo, por meio dos conselhos e orientações que semeou ao longo de mais de cinquenta anos de verdadeira vivência apostólica, dedicada ao saber, ao conhecimento.

Durante muitos anos, como responsável pela livraria e distribuidora da Federação Espírita do Estado da Bahia, na sua seccional conhecida como "Casa de Petitinga", transformou aquele ambiente em verdadeiro espaço multicultural, ampliando seu acervo e dando a todos o acesso às mais variadas concepções de vida, de espiritismo e de evangelho.

Embora tímido e arredio a qualquer tipo de exposição, de publicidade, tinha a fala fácil, fluente e agradável. Suas palestras e conferências eram marcadas pela limpidez de raciocínio e pela riqueza de informações, sendo sempre aplaudido por uma plateia que se rendia ao encanto da sua simpatia e dos seus conceitos. Assim o foi, em muitos congressos realizados na Bahia e em São Paulo, sobretudo nos encontros promovidos pela Associação Médico-Espírita deste estado. Aliás, em um desses encontros, fez apresentar um invejável estudo sobre perispírito, publicado na coletânea de artigos intitulada *Saúde e espiritualidade*, que merece ser conhecido por quem se interessa por esse capítulo do estudo espírita.

No campo das letras, fez publicar, em 1955, o livro *Socialismo cristão*, obra pequena e, ao mesmo tempo, completa, que mereceu, à época, fartos elogios do próprio Deolindo Amorim, de Humberto Mariotti e outros.

Como médium, deixou obras como *Pérolas no fio*, *Divina presença*, *Vozes de um encontro*, *Espaço, tempo e causalidade: diálogos existenciais*, todas do espírito Yogashririshnam, *Caminhar vazio*, do espírito Lin Ch'eng Yü, e *Espiritismo em movimento*, a primeira obra ditada por Deolindo Amorim à sua mediunidade, publicada em fins da década de 1990.

Seu vasto saber espírita e sua seriedade de tal forma o distinguiam, que muitos o tiveram, ao longo de suas vidas, como verdadeiro referencial. Nomes como Adenáuer Novaes, Djalma Motta Argollo, Paulo Rossi, Marlene Nobre e mesmo este, que subscreve estas páginas, sempre recorriam ao 'doutor Elzio', como se usava chamá-lo, para que lesse, analisasse, criticasse e avalizasse seus trabalhos, na esperança de que, com a sua palavra sincera e conclusiva, pudesse muito acrescentar às pesquisas realizadas.

Deixou algumas obras mediúnicas inéditas, ditadas pelos espíritos Yogashririshnam e Deolindo Amorim, sendo esta a primeira, depois da sua desencarnação, a ser publicada e oferecida ao movimento espírita.

* * *

Tenho dito e repetido, não poucas vezes, que é indispensável desenvolvermos "olhos de ver" os espíritos como gente. Gente que ama e que odeia, que se alegra e se entristece, que ajuda e atrapalha. Gente, enfim, que continua viva e atuante, conservando as suas naturais inclinações e perseguindo seus mais diversos ideais.

Sendo assim, é natural que "gente espírita", ao passar para o "lado de lá", continue espírita e igualmente interessada pelo espiritismo e pelo seu acontecer, em ambos os planos.

E é exatamente essa sadia ocupação com os destinos do movimento espírita o que surpreendemos nesse novo livro de Deolindo Amorim.

Propositadamente, não digo "pelo espírito Deolindo Amorim". E assim o faço por reconhecer que, apesar de não disputar mais, conosco, o mesmo espaço físico, a única diferença que existe entre nós e ele, de momento, é a sua posição de observador privilegiado, posto lhe ser possível, na condição de desencarnado, observar acontecimentos e pessoas sob ângulos e perspectivas diferenciadas, o que lhe permite uma leitura bastante curiosa de como o espiritismo tem "acontecido" entre nós...

Deolindo, ao abordar assuntos como a relação dos espíritas com a doutrina, mediunidade e ciência, globalização e tolerância, revela-se com toda a sua firmeza e sinceridade, através de um médium que, também sincero e firme ao longo de toda a sua vida, como o foi Elzio Ferreira de Souza, soube ser fiel ao pensamento de Deolindo com uma precisão invulgar, surpreendendo a todos com a clareza de sua mediunidade.

Convite à reflexão é um livro que fala por si mesmo. Suas palavras e afirmações hão de calar fundo no coração e na mente de muita gente. Espero que toda essa gente possa se despir de preconceitos, receios e ressentimentos, a fim de se debruçar, com espírito de isenção, sobre suas páginas eloquentes, delas extraindo os verdadeiros "gritos de alerta" que as lições de Deolindo trazem para todos.

Resta-nos, assim, deixar que todo esse chamamento à responsabilidade, empreendido pela parceria mediúnica Deolindo-Elzio, possa ecoar, claro e cristalino, na acústica de nossa alma, permitindo-nos rever passos e reavaliar posturas, rumo à concretização de um movimento espírita mais fraterno e humano.

O convite está feito. Passemos à reflexão!

Salvador, 19 de junho de 2008

Pedro Camilo

PSICODIGITAÇÃO

Este livro foi o primeiro trabalho psicodigitado, embora o segundo – *Espaço, tempo e causalidade* – tenha sido publicado anteriormente, no período de 18.02.2000 a 16.03.2001. O livro *Espiritismo em movimento* (1999), da autoria do espírito Deolindo Amorim, tinha acabado de ser publicado, quando ele me convidou a continuar o trabalho psicográfico. Minha resposta foi a de que a multiplicidade de tarefas e o aparecimento de problemas de saúde não me deixariam tempo para psicografar as mensagens e depois passá-las para o computador. Sugeriu-me então que as recepcionasse diretamente no computador, ficando livre do trabalho posterior. Anteriormente, na recepção do *Espiritismo em movimento*, por sugestão sua, tinha eu datilografado duas mensagens, mas, apesar da insistência, a mais não me aventurei. Quando entre nós, Deolindo costumava datilografar seus textos; de minha parte, porém, não possuía experiência no assunto, porquanto poucas vezes escrevera um trabalho diretamente à máquina. Era hora de tentar a nova modalidade de recepção e examinar os resultados. Inicialmente, cuidei por precaução de cobrir o monitor, ocultando assim a tela, pensando com isso isolar-me mais e evitar interferências. Excetuando a mensagem que constitui o posfácio, psicografada em 15.10.1999, todas as demais foram psicodigitadas nesta condição. Posteriormente, na realização de outros trabalhos, acabei por verificar ser desnecessária a ocultação da tela, por digitar sem visualizá-la e, em geral, de olhos fechados.

Não quero repetir aqui a advertência que fiz no livro *Espiritismo em movimento*, com o título "Algumas observações", sobre a comunicação com os espíritos, e convido os que estudam as faculdades mediúnicas a lerem o texto juntamente com o Prefácio do espírito de Deolindo Amorim àquela obra. Apenas digo que procurei ser fiel, recepcionando as mensagens, ao pensamento do autor espiritual, tanto quanto possível o é a um médium sem maiores possibilidades mediúnicas.

Salvador, 16 de novembro de 2005

Elzio Ferreira de Souza

Prefácio

PERSPECTIVAS DOUTRINÁRIAS

A vida oferece, em seus múltiplos aspectos, oportunidades de estudo e observações. Na construção do edifício doutrinário não devemos alienar-nos, sob pena de perdermos o fio da própria história. Todas as doutrinas que desejaram construir um mundo à parte, ou desapareceram, ou caíram num tenebroso fundamentalismo, encarcerando os profitentes em prisões mentais das quais poucos conseguiram libertar-se.

Por comodismo, prefere o homem repetir-se, quando a vida o instiga a pensar. Qualquer situação pode ser examinada por ângulos distintos, cada um deles prometendo uma melhor visão e proporcionando ao observador inteirar-se mais das razões dos acontecimentos, em busca de extrair-lhes lições para a própria conduta. Assim, sem qualquer dúvida, torna-se imperioso colocar os acontecimentos, as ideias, as correntes de pensamento, na pauta do espiritismo, e os examinarmos, mantendo um diálogo vivo, de modo que novas perspectivas possam ser visualizadas à luz da doutrina espírita.

Esse é também um modo de construir a doutrina, que é sempre viva e atuante e não pode ser aprisionada em livros nem restringir-se aos momentos de doações materiais. Afinal, uns e outros fazem parte da vida, mas esta abrange aspectos os mais variados em que a participação do adepto é recolhida e também observada por quantos não ingressaram nas fileiras espíritas. Não se é espírita apenas ao penetrar o ambiente das reuniões, mas, sim, durante as vinte e quatro horas do dia e, ao passarmos para o lado de cá, encontramo-nos com a realidade de manter os ideais que estiveram em nossas mãos ou confrontarmo-nos com eles quando nos desviamos despercebidamente, ainda julgando estar a defendê-los.

Nada há de admirar, pois, que esteja analisando alguns temas, de maneira que estimule a outros companheiros que o façam desde aí com mais competência, porém não com menor amor. Olhar a doutrina por novos ângulos e pensá-la livre e responsavelmente é, exatamente, o que deve fazer o espírita para conservar-se fiel a Kardec e a Jesus.

Salvador, 18 de fevereiro de 2000

Deolindo Amorim

1. Fatos e Livros[1]

Estabeleçamos critérios na análise das obras espíritas. Na vida, de um modo geral, devemos ter critérios para tudo. A não ser quando o indivíduo pratica deliberadamente o mal, é certo que se pode analisar um fato por ângulos diversos. Uma obra pode ser considerada fraca ou substancial, de acordo com o conhecimento ou as necessidades de quem a lê; obras que podem ser rejeitadas por uns encontram acolhimento por outros, porque ali vão encontrar o que necessitam ou soluções que buscavam. Quando então podemos considerar um livro prejudicial? Exatamente quando seu autor desfigura o assunto de que trata, altera a verdade sobre um fato, faz afirmações não fundamentadas pelo simples gosto de mostrar-se diferente. Tal procedimento não é recomendável em termos individuais ou coletivos, pelo exemplo que passa, pois, como sempre acontece, tende a repercutir e espalhar-se.

Quero dizer com isso que uma obra não deve ser rejeitada só porque contém um engano. Não, não existem obras perfeitas, só Deus é capaz de produzi-las. Um livro apresenta um assunto da perspectiva do autor, e, como todo ser humano, ele pode enganar-se, observar deficientemente, ver mal. Todo escritor se encontra no mundo envolvido pelo ambiente em que vive, é por ele estimulado e depende das informações que recolheu ou das quais pôde lançar mão. Ao lermos um livro de história e debruçarmo-nos sobre um fato ocorrido, temos o vezo de limitarmo-nos a considerá-lo dentro do ângulo com que o viu o historiador, seguindo-lhe a narrativa, e não nos apercebemos que não estamos a conhecer o fato histórico em si, mas a visão construída pelo pensamento do pesquisador, elaborado com todas aquelas limitações. Raciocinemos. Não será que este teria dos fatos uma descrição e até uma avaliação distinta, se tivesse em mãos outros documentos que não pôde recolher por não estarem à disposição ou até por não saber que existiam?

Na reconstituição de um fato histórico, não podemos alijar essa possibilidade. As fontes podem ter sido alteradas por pessoas interessadas em desfigurá-lo. Conhecem-se as incertezas em torno do denominado "Grito do Ipiranga",[2] que não se reduz ao belo quadro[3] com que Pedro Américo procurou incentivar os brios da nacionalidade. Quando se escreve sobre história ou quando apenas se lê, é necessário atenção e discernimento. Tudo piora quando há interesse deliberado na manipulação dos fatos, e assim ocorre uma omissão nos registros ou a destruição de documentos. O que estou a dizer é que, em sua descrição, um fato histórico é, em certa parte, um produto da capacidade investigadora e, em outra, da mente do historiador, que, além disto, encontra as barreiras do espaço e do tempo em que se situa, das disponibilidades, inclusive econômicas, para mover-se em direção às fontes de pesquisa. Se a determinação dos fatos apresenta tantas dificuldades a recomendar precaução, que se dirá quando se estabelece um juízo de valor sobre este ou aquele acontecimento? Às vezes, só ouvimos e lemos louvaminhas, mas será que tudo o que se diz passou-se com aquela simplicidade? O que é apresentado como fato histórico foi exatamente a realidade?[4]

Essas observações nos mostram as dificuldades que um escritor pode encontrar e como pode cometer enganos, ainda que não propositados. Não se pode, porém, deixar de lado que muitos procuram escrever história, baseando-se nas apologias em torno dos fatos ou da visão pessoal que têm, sem qualquer investigação, sem qualquer esforço para desentranhar a verdade sobre eles. Isto realmente não é recomendável, pois passa para os pósteros a ideia de que as coisas aconteceram de determinada maneira, perdendo-se a verdade sobre os fatos. Quem escreve história há de ser imparcial; mas como pode ser imparcial quem nada pesquisou, quem se baseou no que os outros disseram, em uma só fonte, sem procurar investigar outras? Existe unanimidade na interpretação dos fatos históricos? É claro que não. Naturalmente, em um dado momento, existiram pensamentos diferentes, ideias conflitantes, choques de ideias que se refletiram nos fatos, não permitindo que todos concordassem com uma determinada solução. O pesquisador não pode, ao reportar-se a um determinado evento, alijar o pensamento dos que se opuseram ao desfecho dado à questão, nem olvidar os motivos que os levaram à discordância. Não podemos escrever com isenção sobre a Revolução Francesa, se nos colocarmos do ponto de vista da Casa dos Bourbons ou segundo a visão dos robespierres, dos marats etc. Com certeza, teríamos visões distorcidas da realidade. Como então estabelecer um fato histórico sem consultar fontes distintas, sem procurar compreender as ideias dos que participaram ou dos que foram alijados da participação?

É muito difícil, pode-se concluir, a tarefa do historiador quando procura enxergar, no túnel do tempo, os fatos, ainda que não estejam cobertos pela poeira secular. Um livro, mesmo um artigo, pode conter falhas, e é para isto que devemos estar prevenidos a fim de que possamos realmente aprender. Esta dificuldade, é preciso que se diga, tem, contudo, um lado favorável: desenvolve a perspicácia do leitor, o induz a pesquisar, para que possa alcançar um mais amplo e fundo critério de discernimento. Com isto, aumentam-se as exigências no acolhimento de uma obra ou de um artigo, o que naturalmente levará o escritor ou o articulista a aperfeiçoar-se em seu desempenho, se não quer ver seu trabalho rejeitado, seu esforço perdido, pois, ainda que seja publicado, pode não encontrar guarida entre os leitores.

Devemos observar que as obras não se destinam à mesma faixa de leitores, há diferentes endereços. Os livros de um curso primário devem satisfazer os que se encontram nessa faixa de aprendizagem, embora nenhuma utilidade possuam para os mais adiantados. Não se pode simplesmente escrever livros para doutos e conhecedores do assunto. É preciso acolher os que iniciam seus estudos, oferecendo-lhes obras com as quais a aprendizagem possa realizar-se mais ricamente. Com o que não se pode concordar é com a alteração dos fatos, deformando-se, já de início, a mente do aprendiz ainda despreparado para descobrir as deformações.

Se isto ocorre quando se trata de escrever sobre fatos ou sobre princípios filosóficos, deverá o escritor, não importa de que lado da vida se encontre, cuidar mais ao narrar ocorrências do mundo espiritual. Ao descrever-se uma cidade, é necessário cuidar das palavras. As adjetivações podem ser utilizadas indevidamente, deformando a descrição, ao invés de ajudarem o leitor. Os valores também podem ser distintos. Um viajante, ao visitar uma cidade, pode considerá-la magnífica, admirar seus edifícios, parques, logradouros, sobretudo se provém de uma cidade menor ou vila sem o mesmo desenvolvimento. Mas um artista ou um arquiteto mais exigente pode descrevê-la como horrenda, baseada em outros critérios. Entidades angélicas, visitando os núcleos espirituais mais próximos da Terra, não iriam expressar nenhuma exclamação admirativa; no entanto, o homem comum, ao alcançar aqueles planos, quer pelo desdobramento, quer pelo desencarne, fornecerá descrições que darão a ideia do paraíso.

E o que dizer quando o observador não tem a qualificação necessária para compreender tudo o que vê? É necessário, portanto, que o leitor não permaneça deslumbrado ante as descrições romanescas, não só pela dificuldade que venha a ter um espírito em fixar aquilo que viu, bem como porque o próprio médium pode alterar com um simples adjetivo as impressões que o espírito desejou comunicar. E, além disto, não se deve esquecer que um romance é sempre um romance, quer escrito por autor encarnado quer por autor desencarnado. É um engano considerar que todos os escritos referindo-se ao mundo espiritual representam fatos que ali ocorreram: os espíritos não perdem a imaginação pelo fato de estarem desligados do corpo físico.

Naturalmente, há trabalhos de maior e de menor valia. Há certa dificuldade em considerar alguns como romances; outros são apenas exercícios do médium ou do espírito que vêm à luz antes do tempo. É evidente que nem toda página psicografada deve vir a ser publicada, embora deva ser estudada, com o auxílio do grupo de que participa. Isto ajudará no desenvolvimento da faculdade e na aquisição de segurança pelo médium.

Na divulgação dos trabalhos, para que funcione uma seleção natural, sem imposição de quem quer que seja, torna-se imprescindível elevar o nível de compreensão das pessoas. A receptividade de um livro está na dependência do meio com o qual se afina. A única maneira de selecionar as publicações está ligada ao preparo dos leitores. Estes, à medida que se adiantam em seus estudos espíritas, que olham com mais cuidado seu objeto, costumam não aceitar certo tipo de livros que não oferecem conteúdo capaz de alimentá-los mentalmente. Justamente, o despreparo dos adeptos é um dos perigos pelos quais pode ocorrer desvirtuamento da doutrina: esta é uma lição da história para a qual não se pode fechar os olhos. Os espíritos não podem substituir os homens, salvo por meio da reencarnação. Aos indivíduos, cabe o trabalho de aperfeiçoamento moral e intelectual, e não se pode deixar aos espíritos um trabalho que devem cumprir.

A realidade é que, muitas vezes, o homem prefere deixar seu semelhante na ignorância a fim de dominá-lo. Este passa a ver ou a absorver as 'verdades' que lhes são ditadas ou até torna-se incapaz de pensar, porque o cérebro sem exercício acaba ficando reduzido a uma máquina de repetição, orientando as energias do corpo físico para as tarefas da conservação e da reprodução. Muitos políticos perfilham tal tipo de conduta, mas seria muito triste que, no meio espírita, venha a tornar-se regra geral. Afinal, o espiritismo visa elevar o teor moral dos homens, e não existe um desenvolvimento moral duradouro, permanente, se não há esclarecimento, com o desenvolvimento das faculdades intelectuais. Quero dizer que não pode o indivíduo sem um certo discernimento alcançar um completo desenvolvimento moral. Não estou falando da obediência a determinados costumes sociais que são aprendidos durante a convivência, estimulados por leis civis ou penais que tendem a obrigar o cidadão a condutas condizentes com a vida em sociedade. Refiro-me a uma verdadeira conduta cristã. Sem esclarecimento, como entender realmente o que seja o amor, a caridade, a misericórdia? Muitas pessoas confundem o amor com o instinto sexual, a caridade com a prodigalidade, a misericórdia com a passividade. Seria esta a ética que recebemos de Jesus?

Podemos tirar algumas conclusões das considerações formuladas acima, de modo um tanto genérico:

1. Os escritores espíritas devem ter o cuidado, ao referirem-se a fatos históricos, de colherem material em fontes fidedignas, evitando repetirem apenas as descrições dos fatos na versão e valorização feitas por um grupo ou por pessoas interessadas em fixá-las como expressões da verdade.

2. Não é possível escrever sobre a história de um movimento sem realizar-se uma pesquisa aprofundada.

3. Escrever sobre história exige do pesquisador isenção de ânimo, sem o que acabará escrevendo sua 'história'.

4. Os livros se tornam mais ou menos valiosos de acordo com a faixa de leitor a que se dirigem: há um grande engano de escritores, médiuns e editores quando julgam que eles se destinam a qualquer leitor, sem considerar o conhecimento de cada um.

O exemplo da literatura infantil deveria ser seguido: o escritor de livros para crianças procura conformar a narração a uma determinada faixa etária de modo que possa ser entendido. Existem faixas de idade mental que não podem ser desconsideradas.

5. A melhoria da qualidade dos livros encontra-se na dependência do preparo dos leitores.

Quantos estejam interessados em uma seleção da literatura espírita, para que não se lhes desfaça a qualidade, devem não somente cuidar disto na ponta da publicação, evitando dar à luz obras que são apenas exercícios mediúnicos ou do próprio escritor, mas também na outra referente ao leitor, isto é, devem trabalhar para que o adepto se torne um conhecedor do espiritismo, ajudando a capacitá–lo na arte de pensar e discernir.

6. As obras espíritas não devem ser submetidas a qualquer espécie de censura, salvo a do próprio leitor.

Quando alguém se entende como o único capacitado a selecionar e a julgar do valor de um livro, apenas está decretando por antecipação a incapacidade do leitor. O movimento doutrinário não se pode firmar em bases tão frágeis como os ombros dos censores. O leitor espírita deve reivindicar sua própria maioridade.

7. Ao invés de perder-se tempo com condenações, todo o esforço deve ser dirigido a preparar novas gerações no conhecimento da doutrina e a ajudar aqueles que desejem conhecê-la por meio de um estudo sério, em que as obras de Allan Kardec possam ser dissecadas sem quaisquer prejuízos.

Enquanto providências como essas não forem tomadas, continuaremos a assistir à preferência dos leitores por romances que os deliciam com suas amenidades, mas que nem sempre ensinam, que lhes criam ilusões e não os acordam para a realidade, dando uma falsa ideia do mundo espiritual, o que pode ocorrer pelo despreparo do médium para apropriar-se das ideias do espírito ou deste para transmitir aquilo que vê. Embora existam romances históricos, em que se procura reconstituir o ambiente e os fatos de uma época, nem todos o fazem, e muitos reproduzem apenas a imaginação de seus autores.

Finalmente, seja-me permitido dizer que todas estas dificuldades não depõem contra o espiritismo, muito pelo contrário, advertem que não se trata de uma doutrina cuja aprendizagem possa fazer-se em poucos dias, nem com a leitura de romances, mas necessita de estudos sérios e de aplicação, aspectos que não são nenhuma novidade, pois constituem advertências do mestre Allan Kardec.

NOTAS

1. Data – A mensagem foi psicodigitada em 9 de novembro de 1999. A data é importante para quem deseje compreender a referência que o autor faz à questão dos fatos históricos, sustentando a mesma posição que possuía quando encarnado.

2. Independência do Brasil – Sobre a data de "7 de setembro" e o "Grito do Ipiranga" existem dados que, em geral, não são recordados nos livros de história. A respeito é interessante registrar o que consigna Iara Lis C. Souza em seu livro *A independência do Brasil* (Rio de Janeiro, Jorge Zahar Editor, 2000):

> Somente depois de ser assim recepcionado em Minas e São Paulo; de ouvir a imprensa e as representações pedindo a sua permanência, a Constituição e a Assembleia Constituinte; de saber de parte das adesões das câmaras e das discordâncias nas Cortes entre os interesses brasileiros e portugueses – somente após tudo isso, D. Pedro proclamou a divisa: *Independência ou Morte*. Naquele momento contava mais o mote que a data do 7 de setembro. Multiplicaram-se, então, os hinos que evocavam essa divisa, aludiam ao amor à pátria e ao sentimento cívico, ligavam D. Pedro ao Brasil e exaltavam a Constituição (...). (p. 57)

Essas recepções ocorreram em Minas e São Paulo, entre junho e setembro de 1822, sendo a população arregimentada num cortejo para recepcionar d. Pedro. Nessas ocasiões:

> Davam-se vivas à Constituição, à Santa Religião, ao Rei Constitucional, aos Bragança, ao Brasil, a D. Pedro, ao Povo do Brasil. A entrada encenava publicamente um contrato entre o soberano e o súdito em que se reconheciam o mando e a autoridade real, jurava-se obediência e selava-se um pacto político. (p. 56)

A aclamação, com a presença de D. Pedro, só se efetuou em 12 de outubro de 1822, data em que o Senado da Câmara do Rio de Janeiro o investiu rei constitucional. (p. 60)

> Vale dizer que, naquele momento, não se reconhecia com precisão a data oficial da Independência do Brasil. Nas Cortes, o deputado baiano Lino Coutinho perguntava se a representação vinda do Recôncavo Baiano que destituía seu mandato e declarava que não reconhecia a autoridade legítima das Cortes não seria tal marco; outros a situavam na Convocação da Assembleia Constituinte no Brasil, em julho de 1822. O próprio D. Pedro, só em 1823, referiu-se ao 7 de setembro de 1822. Pesava mais o grito, o gesto fundador e seu lema, pois o problema residia na legítima autodeterminação de um povo que estabelece o seu governo e proclama a independência sob o risco de uma morte patriótica que se sacrifica pelo bem público. (p. 58)

3. Pintura de Pedro Américo – Eduardo Bueno, no livro *Brasil: uma história; a incrível saga de um país* (São Paulo, Ática, 2003, p. 423), afirma que, com esta e outras pinturas históricas, procurou-se "lançar as bases de um conceito de nacionalidade e estabelecer seu 'domínio' também no campo do imaginário". Segundo ele, o quadro de Pedro Américo teria sido "descaradamente plagiado de *Napoleão em Friedland*, de Meissonier".

4. Fatos históricos – Observa Edward Hallet Carr:

> É comum dizer-se que os fatos falam por si. Naturalmente isto não é verdade. Os fatos falam apenas quando o historiador os aborda: é ele quem decide quais os fatos que vêm à cena e em que ordem ou contexto. (*Que é história?* 8ª ed., São Paulo, Paz e Terra, 2002, p. 47)

Adverte ainda:

> O historiador é necessariamente um selecionador. A convicção num núcleo sólido de fatos históricos que existem objetiva e independentemente da interpretação do historiador é uma falácia absurda, mas que é muito difícil de erradicar. (*idem*, p. 48)

E, finalmente, com base nas opiniões de Collingwood, afirma:

> Em primeiro lugar, os fatos da história nunca chegam a nós 'puros', desde que eles não existem nem podem existir numa forma pura: eles são sempre refratados através da mente do registrador. Como consequência, quando pegamos um trabalho de história, nossa primeira preocupação não deveria ser com os fatos que ele contém, mas com o historiador que o escreveu. (*idem*, p. 58)

No mesmo sentido, veja-se John Lewis Gaddis – *Paisagens da história; como os historiadores mapeiam o passado* (Rio de Janeiro, Campus, 2003, pp. 38-39).

Encontramos lição idêntica em Erich Fromm:

> A história escrita sempre implica na história interpretada. A questão é se o intérprete tem conhecimento suficiente dos fatos e os respeita a fim de evitar o perigo de selecionar algumas informações para fundamentar uma tese preconcebida. (*O Antigo Testamento: uma interpretação radical e sua tradição*. São Paulo, Novo Século, 2005, p. 29)

Não só os fatos denominados históricos se determinam pelas lentes do observador. Mesmo os fatos de nossa experiência pessoal estão sujeitos à nossa subjetividade e, portanto, às torções e distorções de nossa percepção e compreensão. Nesse sentido, escreve James Hollis:

> Nossa experiência é simplesmente nossa experiência, não o que pode *realmente* ter acontecido ali. Nossos ancestrais podiam ainda acreditar na realidade literal de seus mitos tribais, e ser ex-

pandidos ou diminuídos pela sua participação neles, mas a ciência moderna demonstrou que não importa a que nós reagimos, é a *nossa* reação, o *nosso* significado, a *nossa* construção idiossincrática. (...) Eu não estou dizendo que os acontecimentos não ocorram fora de nós mesmos, mas sim que nossa experiência deles se torna privilegiada e parcial por causa de nossa subjetividade. (*Nesta jornada que chamamos vida; vivendo as questões*. São Paulo, Paulus, 2004, pp. 73 s.)

2. Livros e Editoras

É evidente que, se o padrão da literatura espírita sofreu com a eclosão dos lançamentos mais distintos, o fato não se deve debitar à simples multiplicação das editoras, facilitada pela entrada do computador na composição gráfica. Temos de olhar mais fundo para analisar o preparo dos que se erguem à posição de orientadores e o dos neófitos. Cuidemos, portanto, de não analisar a questão com os olhos vesgos a fim de demonstrar a tese preconcebida de que a "multiplicação das casas editoras é a responsável pelo decréscimo de qualidade do livro espírita".

Nada disso. Temos de olhar em volta, observar o conhecimento dos estudantes, adquirido em colégios e universidades, o que está sendo ministrado nos grupos espíritas, pois, quando não se preparam leitores capazes de entender textos e selecionar temas, de separar o joio do trigo, indiscutivelmente vamos encontrar um campo muito grande de absorção indiscriminada de tudo o que se publica, numa seleção feita por baixo. O mal, portanto, não se encontra na multiplicidade de livros e editoras, como muitos parecem pensar a fim de justificar a tese da necessidade de redução de editoras, mantendo certa exclusividade para seus títulos: as causas são mais profundas.

Deve reconhecer-se, entretanto, que nem sempre todos estão preparados para o mister de apreciar os originais e decidir o que deve ser publicado ou rejeitado. Lá isto é verdade, mas é um mal que surge do despreparo inicial na aquisição do conhecimento espírita. Não adianta, portanto, querer condenar os frutos da árvore, quando as sementes, os caroços ou os pés não foram selecionados. A caridade na divulgação da doutrina passa pelo preparo dos agentes da divulgação.

Assim, não posso deixar de bater na mesma tecla: se o adepto não encontra os materiais devidos para instruir-se, se não recebe orientação segura em seus estudos, nestes tempos de tanta informação e de tanto despreparo para absorvê-la com proficiência, não terá discernimento suficiente para selecionar a literatura, gerando despropositados sucessos de livraria. Passa-se a impressão aos que não militam nas fileiras espíritas de que nada de melhor tem a doutrina a apresentar.

Tais desconcertos não se combatem com risos, censuras ou apenas com críticas. De modo algum. É necessária maior dedicação aos estudos para que possa o iniciante adquirir uma sólida formação das bases doutrinárias. Sem tal providência, os erros se repetirão. Quando não se prepara o operário para trabalhar na oficina, sem dúvida serviços imperfeitos e prejudiciais são os resultados do que produzirá, espalhando má fama em torno de seu nome e o da empresa. Ao vermos, nas universidades, alunos despreparados receberem títulos profissionais, havemos de reconhecer que o fenômeno corresponde ao crescente despreparo ou desinteresse dos mestres pela educação dos jovens. O fenômeno é idêntico ao que ocorre nas casas espíritas.

Para alijar a má literatura do ambiente cultural, o caminho será o preparo dos leitores. A boa literatura não se seleciona pela capa reluzente do livro, embora seja louvável o empenho em melhorar a apresentação, nem pelo preço, ainda que seja digno o esforço em manter o livro espírita em condições de ser adquirido pelos mais necessitados. Serão, contudo, os mais pobres que se beneficiam mesmo com os valores mais baixos mantidos a título de divulgação?

Livro e leitor estão relacionados um com o outro. À medida que os leitores se qualificam, tornam-se mais exigentes, e os livros mais substanciais; ao apresentarem melhor conteúdo, ajudam a qualificação do leitor. Verso e reverso da medalha. São assuntos que não podem ser atacados separadamente; como vasos comunicantes, influenciam-se mutuamente. O que não deve proliferar é a condenação surda nos meios dirigentes sem que se saiba dos critérios utilizados para a análise de um livro. E vemos aí um paradoxo:

evita-se qualquer crítica escrita sobre uma obra a fim de não melindrar o escritor ou o médium, porém, nos bastidores, coloca-se um carimbo de censurado, proibindo-se a divulgação. Se os critérios são acertados, se a crítica é justa, não seria mais legítimo torná-la do conhecimento dos leitores para que pudessem avaliar a crítica? Não é assim que se procede nas revistas científicas, filosóficas, religiosas ou de literatura? Não é esta a finalidade das recensões bibliográficas? Sei que muitos preferem não ferir suscetibilidades, mas a censura oculta, quando se efetiva, desmerece o escritor sem que este tenha a oportunidade de esclarecer ou defender-se. Não se deve incentivar a polêmica, mas não é justo que, à boca pequena, se destruam reputações consolidadas com esforço. Sem dúvida que certas críticas não fazem jus a qualquer comentário, mas a observação bem feita e honesta deve ser sempre bem recebida. A crítica possui igualmente seu lugar no movimento espírita, e Kardec a ela não se furtou, embora conservasse em tudo o comedimento e a seriedade, evitando qualquer caráter pessoal em suas observações. É um exemplo a ser seguido mais uma vez.

3. Tolerância

A qualquer observador atento não restará dúvida que a maior dificuldade no desenvolvimento espiritual corresponde ao divórcio entre a teoria e a prática, entre o discurso e a vida dos religiosos. Esta divisão, muitas vezes tornada esquizofrênica, leva grande parte das criaturas a negar validade à vivência religiosa, ao perceberem que não andam aqueles com as pernas muito aprumadas quando se trata de algo a ferir-lhes os interesses. Em realidade, salvo em aspectos um tanto particulares que dizem respeito a certos dogmas e rituais, as religiões em essência apresentam um conteúdo semelhante no que se refere ao amor a Deus, ao respeito para com o semelhante, embora algumas entendam por tal apenas os que pertencem a seus quadros, sem consideração para com os profitentes de outras religiões. Mas isto já foge do discurso e diz respeito à prática. E aí encontramos, realmente, os desvios, porque não se eleva o adepto à altura dos princípios que enuncia e acaba por desvirtuá-los, ajustando-os a seu comportamento.

Um dos aspectos que se pode destacar diz respeito à tolerância. Quantos se apresentam como corifeus da caridade e da divulgação do livro, como renovadores, pretendendo estabelecer novos parâmetros e visões, e acabam por desviarem-se de tudo o que pregam para afundarem-se no lodo da intolerância! Devemos perceber que não existe quem detenha a verdade por inteiro, nem temos capacidade de absorver todo o conhecimento, ainda no campo estrito de uma doutrina ou de uma ciência, porquanto nos faltam dados e informações. Às vezes, temo-los em abundância, porém não dispomos da oportunidade para conhecê-los todos, por falta de tempo ou de ocasião, por não se encontrarem facilmente disponíveis, ao alcance da mão. Ainda devemos levar em conta o fato de que, mesmo quando os elementos estejam disponíveis, podemos interpretar mal os dados recepcionados, e isto pode ocorrer por incapacidade de compreendê-los em sua inteireza ou múltiplo significado, ou porque nossos prejuízos impedem a compreensão mais ajustada à realidade. Por que então devemos dizer que estão errados os que não pensam como nós? Não podemos estar enganados? A nossa visão não pode ser mais curta? Ou será que os companheiros não estão querendo dizer a mesma coisa, embora utilizem palavras distintas e métodos de realização diferentes? Há necessidade, já se vê, de tolerância, e isto, com muita propriedade, no meio espírita. A tolerância mútua facilita a aproximação, e não há dúvida de que a proximidade permite uma melhor visualização das coisas, um melhor entendimento das diferenças que, às vezes, não são tantas como parecem ser ao alargarmos distâncias com um modo intolerante de agir. Além disto, devemos ter caridade ao enunciar que os companheiros estão em erro. Pode acontecer que o discurso seja de autopromoção, proclamando-nos os únicos possuidores da verdade, capazes de dirigir a todos.

A tolerância nunca fez mal a ninguém. Poder-se-á dizer que ela pode permitir desconchavos. Mas, perguntamos, a intolerância é capaz de sustá-los? E não é a intolerância por si mesma um desconchavo nas relações humanas? Devemos sempre estar prevenidos contra o autoritarismo, que pretende ser o único portador da luz, o centro para o qual todas as atenções devem convergir. A luz se espalha por toda a parte, e foi isto que o mestre Allan Kardec procurou fixar de modo bem claro em seus ensinos: não há médiuns privilegiados, nem organizações infalíveis. Não existem indivíduos nem centros únicos da verdade, que, em espiritismo, poderíamos traduzir por sã doutrina. E, se assim é, se todos estão em condições de receber a luz, não há motivos para que vivamos distantes uns dos outros, metidos em buracos e cavernas, que distanciam a todos e não aproximam a ninguém.

Não há necessidade de que os outros se convertam a nossas ideias; devemos apenas ser fiéis àquelas que, num determinado estágio, nos pareçam acertadas, sem descartarmos, no entanto, o exame das ideias alheias para aprendermos um pouco mais. Quantos enganos já teriam sido afastados do movimento, se isto ocorresse? Mas é preciso atentar bem: o fato de termos opiniões diferentes, ainda sobre questões que julguemos básicas, não nos deve afastar dos companheiros, porque, às vezes, aquilo que consideramos fundamental não o é, o que consideramos uma teoria é apenas uma hipótese a mais, sem dados comprobatórios. Não construamos teorias em cima de palavras. É preferível reconhecer os nossos enganos para que os opositores se sintam à vontade para identificarem seus erros. Portanto isto evidentemente nos leva a considerar que como o sal de que falou Jesus é indispensável para que o alimento não fique insosso, sem tolerância não podemos cumprir o nosso papel na tarefa que nos cabe em qualquer lado da vida.[1]

NOTA

1. Tolerância – A insistência sobre a necessidade de tolerância deve referir-se a certas atitudes que surgem no ambiente espírita. Os movimentos exclusivamente religiosos não toleram oposições e buscam eliminá-las, embora não possuam mais o aparelhamento do Estado, salvo nos países islâmicos, para impor seus pontos de vista ou dogmas. A história se repete. Na formação da Igreja Católica, após a perseguição desenvolvida por alguns imperadores romanos, logo após o reconhecimento do direito dos cristãos de praticarem a nova fé, iniciou-se um período de intolerância clerical, com perseguições, exílios etc. (veja a respeito o comentário que fizemos às páginas 336-338 do livro *Espiritismo em movimento*)

Na época da Reforma, Lutero oscilou: após um início de ódio declarado à Igreja Católica, viveu momentos de tolerância, admitindo que cada indivíduo tinha o direito de escolher a própria fé, defendeu o direito à existência de seitas e opôs-se à pena de morte para os anabatistas etc., durante o período de 1520 a 1531. Mesmo neste período, porém, há manifestações claras de intolerância: apoiado em Melanchton, pediu ao eleitor João da Saxônia a publicação de um edito (1528) que determinasse a proibição de publicação, venda e leitura da literatura zwingliana ou anabatista, bem como a pregação e ensino de tais doutrinas, incentivando a denúncia por parentes, sob a ameaça de perda da vida e das propriedades. Em 1529, ensinava que "até os descrentes deveriam ser obrigados a obedecer aos 'dez mandamentos', ir à igreja e conformar-se exteriormente" (com a doutrina luterana). A conformação com a doutrina é decorrência do que escrevera em 1522: "Não admito que minha doutrina possa ser julgada por quem quer que seja, nem mesmo pelos anjos. Aquele que não aceita a minha doutrina não pode ser salvo."

Em outra ocasião, a intolerância ressurgiu em Lutero sob o fundamento de que "os cristãos exigem certeza, dogmas definidos e Palavra de Deus segura, em que possam confiar para viver e morrer por eles". Em 1537, voltou-se contra os judeus, a quem tinha anteriormente bafejado com discursos, apelando à tolerância, e assim prosseguiu até próximo à morte, quando voltou a defender outra vez a convivência com ideais distintos. No último sermão, combateu a ideia de destruir os católicos e anabatistas à força (veja William Durant – *História da civilização*, 6ª parte, vol. 2: A reforma. São Paulo, Companhia Editora Nacional, 1959, pp. 110-115).

Algumas recomendações estranhas têm proliferado ultimamente no meio espírita. É de esperar-se que a situação se modifique e o respeito mútuo possa imperar entre todos os adeptos e organizações, independentemente de suas filiações ou ausência destas.

4. Ideias e Instituições

O amor não só cobre a multidão dos pecados da criatura que aprendeu a distendê-lo em todas as direções, mas também dos que se tornam o objeto de sua manifestação. O ditado popular ensina: "quem ama não enxerga os defeitos alheios". A lição pode ter um efeito muito positivo, quando nos leva a abandonar o vezo de querer descobrir os erros do próximo, o cisco no olho do vizinho.

O amor não dispensa a corrigenda; há corrigendas por amor. Aliás, quando queremos admoestar realmente, há sempre amor no fundo do coração. Mas o amor não dispensa orientação no procedimento de auxílio. Por que dispensaria? Todo processo é marcha, e esta nos recorda direção. Não há dúvida de que, se queremos ajudar a outrem, não podemos erigir-nos em censor de condutas; às vezes, é melhor silenciar ante algumas falhas para não reforçá-las. Mas, se tivermos de dizer algo que ajude outrem a modificar-se, é preciso ter modos adequados para fazê-lo, sem o que se acabaria reforçando as posições estratégicas que o erro assume no indivíduo, as racionalizações e justificativas que acabam por sedimentar o pensamento e impedem a capacidade de raciocinar. Deve-se ter muito cuidado quando se quer discordar do pensamento alheio, porque, em geral, se está a praticar enganos semelhantes, sem que disto se aperceba o que se posta na condição de censor.

Essas dificuldades não só existem na vida diária de cada um, nos relacionamentos particulares, como na vida das instituições. Quantos não criticam, não apontam erros em seus corpos dirigentes e, no entanto, pelo conteúdo da crítica e pelo modo de realizá-la, mostram-se em tudo predispostos a cometer erros semelhantes tão logo venham a assumir postos de direção? Não é justo querer mandar na casa alheia. Ninguém está proibido de constituir seu próprio grupo. Por que desejar ensinar o outro a fazer o "trabalho de casa"? É necessário ter cuidado com as atitudes. A história nos revela que o fluxo democrático costuma correr em muitos indivíduos enquanto se localizam nos guetos da oposição; ao evoluírem em número e alcançarem o poder, entretanto, costumam cometer maior número de arbitrariedades em nome do ideal, incidindo em erros ainda maiores do que os criticados.

Antes de tentar modificar indivíduos ou mesmo instituições, deve-se realizar um curso de paciência, tolerância e amor. Assim, evitam-se muitos problemas, relacionamentos sadios podem ser tecidos e erros mútuos corrigidos.

Ninguém precisa estar debaixo do mesmo teto para colaborar. Todo indivíduo procura ter sua casa e constituir família, e assim deve proceder-se na formação das instituições: não existe proibição de organizá-las com a participação dos corações que se afinem ao seu. Parece-me reprovável, todavia, o vezo de um grupo espírita imiscuir-se no campo de atividades de outro, se não foi consultado, a fim de ditar normas de procedimento, ainda que possam parecer as melhores. Em nome de que se estaria autorizado a fazê-lo?

Essas considerações são sempre oportunas na vida institucional e interinstitucional. Sem respeito mútuo, não haverá paz e, sem esta, não há crescimento válido. Não estou dizendo que a paz seja resultado da conciliação de interesses. Certa oposição, certo contraste de ideias realmente habilita o indivíduo ou um grupo a manter-se atento. Permaneça-se, porém, no terreno das ideias, sem o desejo e os anseios de conversão dos companheiros. Muitas das ideias que se combatem já estariam mortas se não fossem os opositores: estes é que chegam junto das cinzas e começam a remexê-las, a soprá-las e, outra vez, elas reacendem. Se tivemos força e discernimento para não nos deixarmos envolver por elas, por que outros não teriam? Não podemos julgar-nos privilegiados na capacidade de discernimento, tomando uma posição de superioridade, a concluir que, se não fosse a nossa voz, todos estariam mergulhados em erro. É preciso pensar seriamente, porque, tentando apagar certos fogos já em extinção, podemos criar um incêndio com uma pequena faísca, caso esta encontre o combustível. Ao combater certas ideias evidentemente errôneas, reacendemo-las. O combustível, no caso, seria o despreparo, a falta de estudo, a ignorância do que é fundamental. Dirijam-se os esforços para eliminar este estado, e não para atiçar ou produzir brasas. Deve inquirir-se se, acaso, não estão sendo eles mal dirigidos, quando se pretende modificar as ideias do próximo ou das instituições com as quais não podemos concordar em gênero, número e grau. Seria melhor que a energia despendida fosse aplicada na reforma individual, quando for o caso, ou na estruturação da própria instituição em que se convive ou que se cria, porque querer modificar a casa alheia parece-me um engano de direção.

Sem dúvida, a força do exemplo contagia. Quando se é capaz de defender ideias com equilíbrio, podemos gerar instituições firmes, sejam grandes ou pequenas, porque a dimensão física não tem importância em questões espirituais. As ideias corretas adquirirão forças transformadoras no seio de um movimento ou de uma sociedade. Não há necessidade de imposições. Recordemos que a história não guarda boa lembrança dos ditadores e revolucionários que, para imporem suas ideias, acabaram criando um rio de sangue atrás de seus passos. É claro que certas crises podem ocorrer no campo das ideias, todavia, lembremo-nos sempre de servir de arado no cultivo do solo, e não de estopim para explodir pedreiras. Ninguém sabe certamente quantos fragmentos decorrerão da explosão e a quem possam atingir.

5. Divulgação

Muitos companheiros dedicam-se ao trabalho de divulgação da doutrina espírita em caráter de urgência, irradiando seus esforços por toda a parte com o fito de alcançar um maior número de pessoas, por meio de diferentes veículos – volantes, jornais, revistas, estações de rádio e televisão, e pela rede mundial de computadores (internet), para não falar em viagens, seminários, congressos. Não há que reprovar, pois todos os esforços são meritórios, desenvolvidos que sejam com a seriedade que o próprio objeto requer. Não podemos deixar, entretanto, de considerar a necessidade de que a divulgação seja feita com garantia de legitimidade, isto é, que se divulgue o que seja realmente doutrinário.

Quando se trata de ampla divulgação, é recomendável ater-se ao que é básico, às ideias fundamentais da doutrina, deixando à parte os detalhes para estudos específicos entre aqueles que já estejam mais enfronhados com seus alicerces. Discutir determinados assuntos pode revestir-se de um certo brilhantismo e destacar a oportunidade de determinados estudos que não se mostrem apropriados para ampla divulgação, sobretudo se não há um consenso a respeito, porque não se deve alijar a possibilidade de que a ideia aventada, a solução proposta, não seja a mais correta.

Na divulgação com vistas ao grande público, os meios utilizados nem sempre permitem fácil contestação, e não seria o caso, nem a oportunidade se mostraria assaz recomendável. Correr-se-ia o perigo de divulgar ideias não bem fundamentadas. A divulgação deve fixar-se nos grandes princípios doutrinários, por possuírem motivação e força suficiente para alcançar o objetivo desejado. Aquelas questões menores, embora preciosas, devem ser atacadas mais tarde entre os que fizeram estudos iniciais e já se mostrem aptos a maiores investigações.

Essas observações parecem-me importantes na escolha do material a ser divulgado. Certos veículos que se apresentam com muita potencialidade como o rádio e a televisão não se tornam fáceis de administrar, e, por isso, requerem ainda mais cuidado na sua utilização. Uma ideia, uma palavra mal colocada, um gesto, podem, ao invés de ajudar, desfazer o esforço do apresentador e colocar a perder um trabalho, por mais bem elaborado que tenha sido. Não é isto o que nos mostra a experiência entre radiouvintes e telespectadores? Não se pode trabalhar em tais veículos, levando em conta a boa vontade, a generosidade do público, sem dúvida aleatória, e que sequer foi ainda informado da essência da doutrina, não sabendo distinguir entre a doutrina e as ideias, pensamentos etc. que não condizem com ela. É preciso ter muito cuidado, porque a rapidez da informação não permite volta, nem apreciações mais meticulosas: as impressões gravam-se rapidamente, e uma palavra insegura, uma noção errônea podem acarretar uma impressão desabonadora e estragar o trabalho realizado, ainda que feito com a maior seriedade.

O perigo ronda toda a matéria escrita: volantes, jornais, revistas, mas por motivos outros. Sem dúvida, tem-se aí a vantagem de expor a ideia de modo mais pensado, com mais tempo e espaço em sua exposição, o que representa uma vantagem sobre os meios de áudio e vídeo, embora não atinjam o público com a mesma velocidade e extensão. Nem aí, no entanto, o divulgador deve descuidar-se, porque se nesses veículos tudo depende do momento, da atenção de quem recebe a mensagem para retê-la, o material escrito, fixando as ideias graficamente, permite estender no tempo a sua ação e assim alcançar um público que pode ser até, às vezes, maior. Espalhando-se no espaço e no tempo, o que se escreve um dia pode ser lido muitos anos depois, se o material divulgado é recolhido em arquivo ou reproduzido em livro. Sei que as tecnologias modernas podem permitir efeito semelhante para as transmissões de rádio e televisivas ou até para palestras e conferências. Aí estão videocassetes, gravadores de fita, de mídia etc., que proporcionam a fixação da palavra no tempo, embora ainda com mais limitações que o livro.

A utilização da informática vai possibilitando uma comunicação mais rápida, ainda que limitada por enquanto, mas com muito poder de informação, equiparável à do livro. A esta vantagem deve-se aliar maior cuidado, porque a intimidade que oferece o computador pode conduzir a certos descuidos prejudiciais. Baseio-me, para tal afirmação, em uma certa semelhança com o que ocorre com as cartas. Se existem pessoas que, ao redigi-las, têm o cuidado de não se comprometerem, outras acham que estão asseguradas de qualquer divulgação pela intimidade que apresentam. O correio eletrônico possibilitou a reprodução rápida dos comunicados que são espalhados por toda parte, sem que ninguém se lembre do sigilo postal, isto é, que a correspondência só pode ser publicada com a aquiescência do remetente. O privado torna-se público e pode causar danos. Ainda devemos considerar que a rede de computadores facilita a criação de revistas e jornais eletrônicos, com barateamento da produção, e pode ocorrer que pessoas, dominando a técnica, mas não a doutrina, no afã de incorporarem-se ao trabalho de divulgação, acabem por prejudicá-la, ao invés de difundi-la.

São essas apenas observações gerais. Há de atentar-se, porém, para o conhecimento do divulgador. De quando em quando, deparamos com articulistas que, a propósito de divulgar corretamente a doutrina, elegem-se em censores do atuar alheio (e já não estão a divulgá-la), esquecidos do veículo e da oportunidade. Há assuntos que exigem uma plateia de conhecedores do espiritismo para que sejam discutidos, e não o grande público, ainda despreparado para opinar por desconhecer o assunto. Um mal maior é causado quando se esquece que a divulgação proposta em veículos de grande circulação é da doutrina, e não de ideias particulares, ainda que acertadas, pois estas devem ter momento próprio com o livro ou revistas destinadas à publicação de estudos mais profundos. Sem dúvida, o pior ocorre quando, no desejo de divulgar a obra de Allan Kardec, o desconhecimento torna-se palpável, cometendo-se tão evidentes desajustes doutrinários que custa a crer tenha sido ela consultada.

Não se pode considerar evidentemente como inspirado na doutrina nada que cerceie a liberdade dos indivíduos ou das instituições, que não é por aí que se há de conseguir uma prática legítima do espiritismo, justamente desconsiderando os princípios referentes à lei de liberdade. Se a doutrina não admite nenhuma estrutura religiosa, se Kardec nem a isto deu causa, toda divulgação neste sentido se afasta do ideal espírita. Alguns se escudam nesta ou naquela frase do codificador, esquecidos de outras tantas lições que esclareceriam seu pensamento. No estudo de soluções para o movimento espírita é necessário não esquecer o tempo decorrido. Distingam-se anteprojeto, projeto e doutrina, e leve-se em conta o espaço e o tempo transcorrido para que não se fixem sugestões temporárias como soluções definitivas, independentemente das circunstâncias que as ambientaram. Devemos sempre perguntar o que Kardec faria hoje, que solução apresentaria na atualidade, como se conduziria no século atual?[1] De uma coisa se pode estar certo, ele jamais encarceraria o pensamento da doutrina nos limites de uma prisão, jamais criaria uma hierarquia; admitiria sempre que o opositor poderia estar com a razão e manter-se-ia fiel aos ensinos dos espíritos superiores, dando o exemplo com a própria vida. Ah! sim, de modo algum consideraria infalíveis suas palavras, embora as sustentasse com muita coragem, mantendo-se aberto a todas as expressões da ciência, da filosofia, da religião e da arte para um diálogo aberto com o espiritismo.

Divulgar a doutrina, portanto, no final de um século e no alvorecer de outro, exige responsabilidade para que não se a deforme. Reproduzo, aqui, apenas a opinião que sempre sustentei, embora respeitando aqueles que dela têm discordado no correr do tempo.

NOTA

1. A página foi psicodigitada em 9.12.1999.

6. Os Espíritas e a Doutrina

Todos nós exaltamos a grandeza da doutrina espírita, em face das aberturas teóricas e do quadro de aplicações à vida prática que ela oferece, constituindo-se em roteiro para quantos desejem alcançar um mais amplo e seguro desenvolvimento interior. Disto não se tem a menor dúvida. Infelizmente, nem sempre se adverte para um fato: não bastará a notícia de seu conteúdo, porque nenhuma doutrina destinada a influenciar o comportamento do ser humano, a servir-lhe de orientação, tem a possibilidade de cumprir seu papel se os seus profitentes, seus corifeus, se alienam da prática. No espiritismo, não se pode resumir a doutrina ao comércio com os chamados 'mortos', por mais fortes sejam as comprovações oferecidas da realidade do mundo espiritual e da sobrevivência.

Sem dúvida, o espiritismo se esteia na existência dos espíritos e sua sobrevivência, mas, se isto basta à ciência psíquica, não pode servir senão como ponto de partida para estabelecer uma nova filosofia de vida, envolvendo as relações com o próximo e com Deus, o arquiteto supremo do universo, capaz de satisfazer as necessidades de ordem espiritual do homem. É indeclinável, portanto, tenha o espírita de trabalhar não só em seu aperfeiçoamento intelectual quanto no moral, palavra que alguns, mal-entendidos com a seriedade da hora, procuram confundir com o moralismo dos ambientes conservadores, incapazes de acompanhar a própria história.

O espírita tem compromissos muito sérios, que não se satisfazem com a defesa emocionada que se faz da tribuna ou dos jornais. Houve um momento em que, atacados por todos os lados, os espíritas se sentiram obrigados a rebater as críticas, respondendo-as, por meio da imprensa, em jornais e livros, para que o público pudesse ter um esclarecimento sério acerca do espiritismo, evitando as deturpações de seus detratores. Foram tempos um tanto heroicos, em que houve necessidade de se opor aos que se utilizavam do poder para perseguir os adeptos da doutrina, coibir-lhes as manifestações, impedir-lhes o direito de reunião e o livre exercício do direito à crença[1].

Os tempos evidentemente são outros, embora vozes desafinadas com a época ainda procurem confundi-lo com crendices e até com outras religiões, respeitáveis, sem dúvida, pelas manifestações de amor a Deus, mas sem nenhuma ligação com o espiritismo[2]. São doutrinas que não lhe seguem os ditames: as manifestações mediúnicas não são um privilégio da doutrina, como, aliás, ressaltou Allan Kardec, demonstrando, com estudos históricos, a sua ocorrência na antiguidade. A história das religiões nos dá inteira comprovação disto, e a teoria anímica sobre a origem da religião se fundamenta exatamente nos fenômenos mediúnicos, vistos, todavia, de outro ângulo, como manifestações do primitivismo religioso[3].

A hora atual nada tem de apocalíptica como apregoam os interessados em causar pânico para extrair proveito e vantagens, aparecendo nos meios televisivos, porque se a Terra corre algum perigo, este, sem dúvida, encontra-se na mente do próprio homem. Mas se atentarmos para as modificações que se dão rapidamente no mundo exterior, na aproximação dos povos pela rapidez das comunicações e celeridade das informações que cruzam o espaço, há de admitir-se que se vive um momento de muita seriedade. O homem não estabeleceu, ainda, uma diretriz para a utilização do potencial que detém em suas mãos.

O surgimento da violência descontrolada e global é infelizmente o resultado da aproximação dos indivíduos, despreparados para tal convivência. Antigamente, os núcleos urbanos eram menos populosos, as pessoas viviam mais em seus lares, e as relações sociais não propiciavam tantos choques, de modo que qualquer grupo que se distanciava dos padrões aceitos era facilmente identificável. Vê-se hoje que tudo isto está muito transformado com o crescimento dos núcleos urbanos, com a aproximação e o jogo de interesses, envolvendo pessoas situadas nos mais longínquos burgos, na busca de verem satisfeitas necessidades aparentes ou não. E tudo isto produz, quando os desejos não se realizam ou as aspirações não se concretizam, uma disputa que, muitas vezes, acaba em violência. Pode dizer-se que o homem ainda não aprendeu os limites do seu direito, não sabe onde ele começa e termina, e disto decorre o aparecimento de várias espécies de violência: as causadas por grupos menos aquinhoados socialmente e as geradas pelos detentores do poder que, utilizando meios distintos, dele abusam, exercendo-o em prejuízo do próximo.

Com isso, não estou a dizer que não houvesse outrora violência tão grande como agora. Na Idade Antiga e na Idade Média, temos exemplos nada louváveis de violência e desrespeito à cidadania a que todo homem tem direito; a escravidão, da qual o povo se libertou há bem pouco tempo em termos históricos, era uma violência inominável contra a personalidade humana. Hoje, no entanto, convivemos com outras formas de escravidão não menos violentas, mascaradas no envelope enganoso da liberdade, que se traduz, em geral, na liberdade de morrer de fome, do alijamento dos bens sociais e da vida digna, numa 'liberdade sexual' que serve aos exploradores das fraquezas humanas, comportamentos estes que denigrem a pessoa. Como se vê, dou à palavra violência uma acepção mais ampla do que a da simples violência física, porque as ações referidas ferem de igual modo o indivíduo em seus valores, causando-lhes não menores lesões a seus direitos e sentimentos.

A questão essencial é, pois, saber que papel deve o espiritismo desempenhar ante problemas como esses, porquanto uma doutrina do seu porte não pode limitar-se a repetir lições sem interferir com sua prática no meio em que germina.

Uma doutrina não somente desempenha seu papel quando arrasta milhões de seguidores em movimentos de massa, comuns tanto na antiguidade como agora, quando as pessoas são impulsionadas pelo poder das telecomunicações. Na vida dos povos, podemos verificar que muitos pensadores conseguiram expandir suas ideias, influenciando não só seus contemporâneos como as gerações que lhes seguiram: ainda se repetem, entre outras, as lições de Sócrates, Platão, Aristóteles, Kant, Hegel, Comte etc. O espiritismo tornou-se evidentemente um elemento propulsor de progresso, mesmo em rincões em que seus adeptos não se contam na casa dos milhões. Não se pode negar isto. Impossível deixar de reconhecer que as ideias sustentadas com tanta firmeza por Allan

Kardec despertaram os cientistas para a investigação, levando-os a discutir a existência de uma realidade além do campo sensório, distinta, portanto, da acolhida pela ciência e pela filosofia, e impulsionaram as religiões a uma maior abertura com o reconhecimento de certos fatos ou o abandono de certas fórmulas, num apelo à modernização das estruturas. Estas são observações que costumam passar desapercebidas, pois, muitas vezes, não se tem disto uma ideia muito clara. Não se pode negar esta influência inclusive no campo do esoterismo em suas novas expressões.

Nenhuma influência, porém, pode ser duradoura em matéria que diga respeito à realidade espiritual do homem, se o indivíduo apenas se mantém preso a afirmativas, a asserções por mais belas que sejam, sem convertê-las em mudanças de comportamento. Todo o movimento de amparo e assistência, a riqueza da literatura, tudo isto é importante e indispensável, porém o laboratório vivo, onde, vamos dizer assim, "a alquimia da transformação" se manifesta, é o próprio indivíduo. Sem a operação do espírito, que se constitua em uma modificação real do relacionamento com seu semelhante, toda doutrina torna-se vã. Poderá ser mantida por séculos, propagada pela força das armas e de leis intolerantes, ou por meio da imprensa, do rádio e da televisão, no entanto não terá nenhum papel civilizador a desempenhar, porque nenhuma corrente de vitalidade lhe percorrerá as entranhas; pelo contrário, estreitar-se-á cada vez mais no fanatismo provocado pela repetição das ideias que se transformam em fórmulas desprovidas de conteúdo, perdendo toda a vitalidade. A história tem, a respeito disso, exemplos que uma rápida pesquisa desvendará aos olhos de todos.

Manter o espiritismo fiel a suas raízes é um desafio, se quisermos permaneça ele no caminho certo, não se constitua num arraial de discutidores temerosos, não se apequene na repetição de certas afirmativas convertidas em verdadeiros dogmas, tenha a capacidade de manter-se aberto, sustentando um diálogo firme com distintas correntes de pensamento. Um dos piores males que pode ocorrer a uma doutrina é a alienação, e isto poderá decorrer do isolamento dos adeptos quando se julgam detentores da verdade única, ou quando se mostrem refratários ao aperfeiçoamento das ideias, sob a alegação de que tudo já foi dito e agora basta repetir.

Muitas religiões têm incorrido nesses erros, mas devemos recordar que o espiritismo surgiu exatamente para combater esses extremismos, que geram a descrença e conduzem o homem ao materialismo. A eliminação da liberdade de pensar reduz a vitalidade mental do ser humano. A deformação do pensamento religioso geralmente se inicia nas mãos dos que se julgam os únicos detentores das luzes. Ora, o espiritismo deve conservar-se uma doutrina livre, o que não pode apenas consignar-se em declarações verbais ou escritas: a doutrina não tem dono, é preciso que se repita.

A maior necessidade que enxergo, na atualidade, é a da união dos espíritas, independentemente de suas posições particulares, e a união não pode significar reuni-los dentro de um agrupamento, porque esta experiência já falhou no passado. Falo de união como a formação de um laço fraterno de solidariedade, que desenvolva o respeito mútuo, evite o isolamento das forças, permita a troca de experiência, a discussão e a livre abordagem dos temas, o reconhecimento de que todos têm o direito de pensar, ainda que diferentemente. Um tal laço de união liga-se às raízes do pensamento kardecista, porém guarda a inspiração maior em Jesus, um compromisso com a humanidade que é a razão de ser do espiritismo. Não é viável a manutenção de um movimento fraterno representado pela caridade material sem levar em conta a urgência da caridade espiritual, representada pela benevolência no trato com o próximo, em que o semelhante seja visto e sentido verdadeiramente como um irmão, e não como um opositor com ideias das quais se diverge. A doutrina espírita é uma doutrina de homens, sim, mas de homens responsáveis, sem dúvida.[4]

NOTAS

1. Perseguição ao espiritismo – Jorge Rizzini resgatou um relatório escrito por Deolindo Amorim em setembro de 1958 e enviado a Herculano Pires, publicando trechos no artigo "1° Congresso Brasileiro de Jornalistas e Escritores Espíritas" na obra coletiva *Seareiros da atualidade*, vol. 2 (Conchas, SP, Editora e Gráfica "ABC do Interior", 1954). O depoimento de Deolindo sobre o Congresso realizado em 1939 dá notícia da situação do espiritismo à época:

> Realizou-se a 1ª sessão preparatória no dia 19 de agosto de 1939. Estávamos sob o regime de ditadura. A tribuna espírita era

> frequentemente *controlada* pela Polícia. (...) Vivíamos sob a asfixia da liberdade, em todos os sentidos. Só se falava em *patriotismo, nacionalismo, integridade nacional, unidade nacional,* segundo a propaganda oficial através do DIP (Departamento de Imprensa e Propaganda), o órgão que *controlava* toda a imprensa e o rádio. O momento era delicadíssimo. Insinuava-se que os espíritas eram contra a ideia de Pátria, e isto, naquele momento, era gravíssimo. (p. 65)

2. Confusão terminológica – Costuma-se fazer confusão, propositada ou não, dos termos espírita, espiritualista, umbandista, baseado provavelmente na grade mediúnica. Verificamos isto na obra de Waldemar Falcão, intitulada *Encontros com médiuns notáveis* (Rio de Janeiro, Nova Era, 2005), em que o autor emprega o termo espírita como sinônimo dos outros dois, embora utilize uma vez o termo "prática kardecista" para indicar a diferença em relação às outras práticas (p. 51). A mesma confusão se encontra ao esclarecer o emprego do termo médium: "A palavra médium é aqui utilizada no seu sentido mais estrito, quando significa meio, *intermediário* – ou aparelho e cavalo na linguagem espírita" (p. 20).

3. Religião Primitiva – O termo religião primitiva não implica mais nenhum juízo de valor, mas apenas a localiza no tempo. Os grandes temas religiosos estão colocados nas religiões mais antigas. Ao contrário do que anteriormente se sustentava, a crença em um Ser Supremo não foi resultado de um processo evolutivo; pelo contrário, como o demonstrou Andrew Lang, esta crença já fazia parte do patrimônio religioso de vários povos primitivos. As investigações de Evans-Pritchard confirmam a tese: a ideia de Deus como espírito puro já se encontra entre os nuer, um povo nilótico da África oriental, bem como as ideias de transcendência e imanência (E. O. James – *Historia de las religiones*. Madrid, Alianza Editorial, 1975, p. 16-20). Sobre a complexidade do fenômeno religioso 'primitivo', veja Mircea Eliade – *Tratado de historia de las religiones*. (vol. I, Madrid, Ediciones Cristianidad, 1974).

4. A afirmativa deve ter sido feita com a mesma conotação dada por Leopoldo Machado com a pregação de um 'espiritismo de vivos'.

7. As Bases e a Evolução

As chamadas 'religiões do livro'[1] erigiram um cânon sagrado como fundamento da fé e tornaram-se, no decorrer da história, intolerantes na defesa dos livros sagrados. A pretexto de lutarem contra alterações e deturpações dos textos, terminaram por retroceder no caminho natural do seu desenvolvimento, fixando-se seus adeptos em interpretações pessoais. A ênfase na hegemonia tem destas coisas. À medida que procuraram impor-se como únicas representantes de Deus, as religiões produziram consequências prejudiciais: o fundamentalismo[2] e a dispersão dos adeptos mais lúcidos, inconformados com certas maneiras de ver, certas interpretações que se procuram fixar como definitivas.

Prejuízos outros ocorreram no que se refere à preservação dos próprios textos, pois, apesar de todas as cercas e fortalezas, acabaram estes por sofrer alterações: os defensores intransigentes terminaram deturpando os originais, acomodando-os a seu modo de pensar, gerando variantes aqui e ali, sem que afinal se conseguisse evitar as disputas sobre sua autenticidade.

Ainda hoje, deturpações costumam ocorrer ao serem eles traduzidos, porquanto cada defensor da intransigência se interessa, de imediato, em verter o texto, interpretando-o, o que pode ocorrer com a utilização de expressões ou circunlóquios que já se inclinem por um modo de ler os originais, ou pela omissão deliberada de certos trechos que parecem contrariar o sentido que se lhes deseja dar.

É evidente que o espiritismo não é uma 'religião do livro', no entanto não é uma religião que possa desprezar o livro, já que este tem sido o portador da síntese do pensamento doutrinário e o maior instrumento de sua divulgação. O espiritismo tem passado, no entanto, nas mãos de alguns companheiros, por algumas dificuldades, apesar das advertências de Allan Kardec. Não vemos em realidade um certo esforço em transformar suas obras em pedestal de uma 'religião do livro', e não percebemos, em certas traduções, o desejo de direcionar o pensamento em determinado sentido?

É sempre importante pensar nas consequências a que isso leva. Quando se procura impor uma obra como um cânon, a conclusão a que se pode chegar é que se a considera imutável no sentido de que nada mais há de ser acrescentado ao caminho por ela traçado. Ora, o espiritismo, como acentuou Kardec, não disse a última palavra, ele está sujeito aos desenvolvimentos naturais e necessários não só porque a revelação é gradual, mas por exigência das mudanças que sofre o mundo, dos novos desafios, e, por conseguinte, das novas revelações, quer espirituais quer científicas. Pode afirmar-se ainda que o espiritismo jamais se apresentou como repositório único da verdade, e, portanto, ainda nesse sentido, o caráter evolucionista da doutrina se manifesta: ele tem o que ensinar e tem o que aprender, isto é, deve assimilar as verdades que se forem fixando no campo científico e filosófico. Haveria um contrassenso em criar uma 'religião do livro' e, ao mesmo tempo, declarar-se-lhe o caráter progressista: seriam afirmações contraditórias evidentemente.

Uma doutrina fechada, que já disse tudo, que nada mais tem a acrescentar, marcha sem dúvida para sua decadência, pois, enquanto o mundo à sua volta avança, ela permanece paralisada no tempo. É evidente que os intérpretes podem assinalar sentidos, aqui e ali, que estão subjacentes a determinados textos, e, sem dúvida, o trabalho é meritório porque nos revela ideias que não tenhamos apreendido. Mas isto já por si demonstra que o próprio texto nos impulsiona a relê-lo para alcançar novas verdades, ou aplicá-lo de acordo com as novas situações.

O progresso doutrinário, todavia, não deve nos afastar dos alicerces. Evolução significa continuidade, e nunca desprezo das bases. O enraizamento doutrinário produz segurança, é necessário construir sobre a rocha, e não sobre a areia. Existem companheiros mais afeitos ao novo que, cheios de vitalidade e desejosos de levar o conhecimento espírita a todas as áreas, esquecem esta verdade fundamental: não se pode construir um edifício seguro sem bases firmes, sem as quais o desastre se tornaria inevitável. É uma situação delicada em que o pensamento oscila entre a necessidade da conservação das bases e o impulso evolutivo inerente ao conhecimento espírita. O balanceamento dessas forças propiciará a superação de impasses. Qualquer arquiteto, calculista ou construtor sabe evidentemente que deve levar em conta todos os elementos: terreno, resistência dos materiais a serem empregados etc., se realmente deseja ver a edificação erguida sem riscos de desabamento. A fidelidade ao pensamento kardecista não pode transformar-se em fator de estagnação doutrinária. O próprio Kardec procurou incentivar o desenvolvimento da ciência espírita e de sua filosofia para que as aplicações morais e religiosas derivassem de conclusões bem fundamentadas.

Os espíritas não podem permanecer fechados em suas instituições, cada um arvorando-se em defensor intransigente do pensamento de Allan Kardec, que, na realidade, estaria sendo destruído por alguns de seus mais ardentes sequazes. A intransigência nunca foi muito boa conselheira em nenhuma matéria, e, muito menos, em assuntos religiosos. Não é certo que o isolamento conduz ao aparecimento dos que se julgam intimamente detentores das chaves do céu, mas que, por via das dúvidas, querem, de logo, imporem-se aqui mesmo na Terra?

O espiritismo não se deve permitir os enganos cometidos pelas religiões organizadas. A história está aí e deve ser estudada a fim de evitar a reprodução de situações já vividas. Afinal, os espíritas são os homens que as viveram no passado, e que, devido aos desvios, voltam à Terra para refazer o trabalho. As fixações mentais precisam ser a tempo eliminadas, evitando que se incorra em erros idênticos. O espiritismo é o campo, e a doutrina o instrumento ofertado para o trabalho de eliminação das fixações em face de seu conteúdo dinâmico, contando-se com o intercâmbio espiritual, que facilita avisos e conselhos por via direta, nas reuniões mediúnicas, ou indireta, por meio dos livros. Mas, hoje como ontem, é necessário ter olhos para ver e ouvidos para ouvir, sem o que tudo se coloca a perder, e se terá de começar de novo.

NOTAS

1. Religiões do livro – Denominam-se assim aquelas que sacralizaram textos, a partir do IV milênio a.C., fixando neles sua fé. Aldo Natale Terrim sintetiza os procedimentos pelos quais uma elite acaba por reunir os textos, formar um cânon e acrescê-los por meio de comentários e explicações autênticas etc. (*Introdução ao estudo comparado das religiões*. São Paulo, Paulinas, 2003, p. 162 s.). Alguns confrades, referindo-se a um pentateuco kardequiano, constituído pelo *O livro dos espíritos*, *O livro dos médiuns*, *O evangelho segundo o espiritismo*, *O céu e o inferno* e *A gênese*, dão-lhe tal conotação que ficam a um passo da sacralização dos textos, olvidando não só a natureza da doutrina espírita, mas também a importância de outros textos de Kardec como todo o material recolhido na *Revista Espírita*.

2. Há uma relação estreita entre o estabelecimento de um livro sagrado, como nas religiões do livro, e o fundamentalismo. Segundo Enzo Pace e Piero Stefani, existem quatro elementos que configuram o fundamentalismo: a) "crença no princípio da inerrância do conteúdo do livro sagrado", que deve ser assumido como um todo; b) "assunção do princípio da astoricidade da verdade e do livro que a conserva", entendendo-se a astoricidade como o reconhecimento de que a razão não tem competência para analisar historicamente a mensagem religiosa, nem para adaptá-la às novas condições surgidas no tempo; c) possibilidade de deduzir do livro um modelo de sociedade perfeita; d) referência a um princípio absoluto, como meio de estimular a imaginação a crer na "possibilidade de decalcar a 'cidade terrena' sobre o modelo de sociedade apresentado no livro sagrado" (*Fundamentalismo religioso contemporâneo*. São Paulo, Paulus, 2002, pp. 20-21).

8. Kardec e Jesus

É inegável a importância do estudo das diretrizes kardecistas. O espiritismo necessita manter-se indene de alterações grosseiras, deduzidas ao sabor das opiniões, sem qualquer lastro efetivo nos princípios coordenados por Allan Kardec. Sabemos que, com o passar do tempo, surge, nos diferentes movimentos filosóficos e religiosos, certa tendência de produzir desvios, gerando divisões. Faz-se necessário que, no campo espírita, tenhamos cuidado para que não consideremos as diferenças de interpretação no estudo da fenomenologia espírita ou em suas aplicações como sendo ramos distintos da ciência espiritual, gerando divisionismos. A doutrina é uma só. Como assinalou Allan Kardec, podem existir escolas, não seitas no espiritismo[1]. Ao consignar o fato, não estamos defendendo nenhum imobilismo em qualquer aspecto da vida ou justificando separatismos, apenas constatamos e procuramos compreender os fatos.

Nem sempre as ideias que surgem são realmente novas. Não seria recomendável trajar, na atualidade, vestimentas próprias do figurino greco-romano (pelo menos não seria recomendável a bizarrice) para estar na moda, nem reproduzir o estilo de Camões, de frei Luiz de Souza ou do padre Vieira para ser um grande poeta, escritor ou orador. É natural a ocorrência de modificações na apresentação das ideias em conformidade com o desenvolvimento da própria língua. As ideias devem ser apresentadas de acordo com a época, tornando-as mais assimiláveis. Não se pode apenas repetir o pensamento dos filósofos do passado ou seguir-lhes as mesmas trilhas no seu desenvolvimento, para que alguém seja reconhecido como filósofo. O mesmo diga-se dos cientistas. Em nada se modifica, por isso, o que é essencial. Um poeta deve conhecer as regras e exigências da poesia, o mesmo ocorrendo com o escritor e o orador nos misteres a que estão afeitos. Apesar da diversidade de correntes filosóficas, não passa pela cabeça dos filósofos colocar na lixeira os diálogos de Platão, nem desconhecer Aristóteles, Hume, Kant etc. Os filósofos do presente costumam manter um diálogo com o passado, uma espécie de dueto do discurso filosófico, ainda quando não haja uma referência explícita nos seus textos. Também na fabricação da ciência, os avanços dependem de conquistas anteriores. Portanto, cada coisa em seu lugar e a seu tempo.

Não há necessidade de repetir o estilo ou apenas repetir textualmente assertivas de Allan Kardec para que alguém possa ser considerado um espírita de boa cepa. Há muita referência ao estudo das obras consideradas básicas e são poucos os que a conhecem. E muitos não se encontram preparados para compreender sua estrutura. Até pode dar-se o caso de que, lendo-as, acabe por fanatizar-se por achar que nada mais precisa aprender, que ali encerrou o círculo de seus estudos, que tudo o mais pode ser dispensado. E isto se constituiria realmente em um erro de graves consequências; infelizmente, porém, esta é uma atitude que, às vezes, aparece no campo da doutrina, numa espécie de semeadura estranha. Quais as causas que ditam tal procedimento?

É claro que o estudo doutrinário se destina, em um primeiro passo, à apropriação das informações básicas, dos princípios introdutórios do espiritismo, no entanto, isto não é a parte principal do ensino. Que tal afirmativa não cause horror aos adeptos sinceros, porque procurarei explicar meu pensamento.

Uma informação pode ser memorizada, grafada numa ficha, colocada em um arquivo do computador etc., ou apenas destacada num livro com certos sinais que chamem a atenção, e ali permanece à disposição do estudioso para novas leituras, revisões ou aproveitamento quando necessário. Mas pode notar-se que este trabalho se limita a um esforço material, que possibilita ao indivíduo, em determinada situação, encontrar uma ideia, um pensamento, a fim de prestar a informação desejada, passando-a a outrem. Já temos aí um bom serviço, sobretudo se o interessado o faz metodicamente, de modo que, a qualquer momento, sem maior perda de tempo, sabe onde encontrar o dado que procura. Entretanto, é preciso ir além disto. Ao estudarmos a obra de um autor, importa, sobretudo, penetrar a essência de seu pensamento, compreender-lhe o método de trabalho, a maneira particular com que expõe suas ideias. O estudo da obra de Allan Kardec está a exigir um serviço semelhante e até redobrado.

Em primeiro lugar, não se pode limitar o estudo à repetição de textos, há necessidade de penetrar-lhe o espírito, desvendando as raízes de seu pensamento, capacitando-se o estudioso para dar continuidade ao trabalho pioneiro. Sem tal providência, o espiritismo não poderá manter seu aspecto progressivo. Argumentar-se-á, talvez, que os espíritos, por meio de novas revelações, asseguram a continuidade e o desenvolvimento da doutrina. Não podemos negá-lo, entretanto não devemos esquecer igualmente que Kardec destacou em *A gênese* que o espiritismo era uma revelação espiritual e uma revelação científica, isto é, que, ao lado do ensino dos espíritos, fazia-se mister a participação e o controle do homem. Não se tratava apenas de destacar um elemento secundário. Desde o início, Allan Kardec chamou a atenção para a relatividade do conhecimento dos espíritos, que, como todo ser livre, continuam a ter opinião própria sobre os assuntos, mas que nem sempre o fazem com a sabedoria que o povo deles espera, por não serem oniscientes. Assim sendo, não bastarão revelações espirituais para impulsionar o espiritismo, há necessidade de que os adeptos estejam preparados para recebê-las e proceder do modo como Kardec o fez. São as características do método kardecista que fixam exatamente a distinção entre o espiritismo e as religiões e filosofias na análise dos fenômenos mediúnicos[2]. Há, portanto, necessidade de que se apreenda o espírito que norteia a obra do mestre lionês para poder trabalhar, vamos dizer com um neologismo, kardecianamente. Esta é a característica que marca realmente a fidelidade à doutrina porque permite compreendê-la em seus vários aspectos, bem como em suas aplicações. Não vemos muitos desentendimentos no seio do espiritismo serem gerados exatamente pela falta de atenção para com as exigências metodológicas? E no que se refere às aplicações, não percebemos que, apesar do muito que se fala de caridade, perderam muitos o endereço, e acabaram digladiando-se pelo intuito de exigir dos demais o comprometimento com as mesmas ideias, disputando assim maior número de adeptos e até, diga-se, de instituições? Podemos encontrar tal procedimento em Allan Kardec? Deu ele publicidade a seus livros sem exigir que os demais escritores lhe seguissem os passos, deixando ao futuro dar a solução dos pontos discordantes[3]. Não vemos aí a manifestação clara do espírito de humildade que lhe permeou todo trabalho doutrinário? Não há sabedoria verdadeira sem uma dose bastante alentada de humildade. Quando o orgulho escurece a visão, o indivíduo pensa que não tem nada mais a aprender e termina por isolar-se, julgando-se capaz de dizer a última palavra em tudo. Não é esta uma atitude que se compadeça com a doutrina ensinada e praticada por Allan Kardec.

O outro ponto para o qual me permito chamar a atenção é a necessidade de distinguir as ideias próprias de Kardec daquelas expostas pelos espíritos, das quais umas ele as aceitou e outras não. Para muitos, isto parecerá uma complicação, mas não é verdade. O próprio Kardec fez evidentemente esta distinção. Reparemos no *Livro dos espíritos* e poderemos verificar que ele colocou em notas suas observações, enquanto que, no texto principal, sintetizou[4] o pensamento dos espíritos conforme as comunicações recebidas. Em *A gênese*, fez questão de distinguir o pensamento dos autores espiritualistas e o ensino dos espíritos já submetidos à triagem, procedendo com extrema prudência a respeito, a fim de evitar que se viesse a considerar, como parte do patrimônio doutrinário, ideias ou teorias ainda não bem assentadas. A própria metodologia que seguiu foi por ele estabelecida. A observação é importante: não podem ser consideradas definitivas algumas ideias e esboços, quer consignadas na *Revista Espírita* quer em *Obras póstumas*. Este último livro recolheu os artigos encontrados em seu gabinete, os quais, evidentemente, não passaram pelo seu crivo final.

É natural e até compreensível que, ao falar-se do 'ensino de Kardec', compreenda-se que estamos fazendo referência, também, ao ensino espiritual recebido por ele, e nisto não vai mal algum se soubermos do que estamos realmente falando; no entanto, constitui uma temeridade descartar a autoria de Kardec de certos textos para concedê-la aos espíritos: como ele mesmo asseverou, eram trabalhos iniciais de aplicação dos princípios doutrinários. Por não fazerem esta distinção, muito mal entendido tem sido gerado na doutrina, e alguns chegam a dizer que Kardec está ultrapassado, sem especificarem ao menos se, com isto, se referem ao ensinamento dos espíritos, às lições particulares de Kardec, à sua metodologia, e, o que é pior, em que pontos estaria ultrapassado. Kardec não se dispôs a estudar todos os assuntos que a convivência com os espíritos suscitara, e nem teria tempo para realizar o empreendimento, nem proclamou ter colocado um ponto final na doutrina espírita. O arroubo de certos adeptos não parece justificável, pelo menos em certas afirmações ditadas pela emoção ou motivadas por certos choques de interpretação. Mais estudo, mais compreensão; mais compreensão, mais união em torno dos mesmos objetivos, é o que se deve almejar.

Permito-me destacar que o esforço doutrinário para a compreensão da vida espiritual e suas nuanças tornar-se-ia realmente vazio, se não tivéssemos a atenção voltada para as aplicações morais e as consequências religiosas da doutrina, o seu aspecto prático. Estou a referir-me ao relacionamento do homem com o homem e do homem com Deus. Isto nos leva a destacar a imprescindibilidade da vivência do Evangelho no meio espírita e a importância das lições de Jesus. Não se pode realmente ter uma prática doutrinária correta, se voltarmos as costas para seu ensino. Sem Jesus não pode existir espiritismo. Não estou sendo intolerante, refiro-me ao fato de que podem existir comunicações mediúnicas, revelações espirituais, sem que isto tenha que ver com o corpo da doutrina. Relatam os Evangelhos que, enquanto os fariseus e saduceus formavam ao lado dos herodianos um complô contra o Mestre por não lhe aceitarem a origem divina, os espíritos obsessores, expulsos de suas "residências", reconheciam-no como o Filho de Deus, o mensageiro esperado, que os destinatários da mensagem rejeitavam. Pode haver, portanto, revelações, podem existir espíritos e manifestações, mas isto não os qualifica como espíritas.

Importa acrescentar ainda que, sem Jesus, os frutos que o espiritismo produzisse não amadureceriam. Se Kardec é importante para o conhecimento doutrinário, as lições do mestre de Kardec – Jesus – são indispensáveis para a iluminação do espírito. Se o conhecimento de Kardec é fundamental para o intercâmbio com os espíritos, a prática das lições do Cristo torna-se imprescindível para a ascensão do espírito humano. Kardec sem Jesus, permitam-me a comparação os que tenham um pensamento diferente, seria como um poço sem água. A vitalidade e a beleza que encontramos no pensamento kardecista é a luz do Senhor no coração de Kardec. Respeito, como sempre o fiz, os que possam discordar de tal posicionamento, mas tomo a liberdade de fazê-lo, expressando minha opinião, porque os espíritos não perderam o direito de expressar seu pensamento.

NOTAS

1. Escolas e seitas

> É uma injustiça que deis o nome de seitas a algumas divergências de opiniões relativas aos fenômenos espíritas. Não é de admirar que no início de uma ciência, quando muitas observações estavam ainda incompletas, tenham surgido teorias contraditórias, mas estas teorias repousam sobre pontos particulares, e não sobre o princípio fundamental. Elas podem constituir escolas que expliquem certos fatos à sua maneira, porém não são mais seitas que os diferentes sistemas que dividem os nossos sábios nas ciências exatas: em medicina, em física etc. Riscai, portanto, esta palavra seita que é completamente imprópria no caso que se trata. (*Qu'est-ce que le spiritisme?* Paris, Éditions Vermet, 1982, p. 111) Veja ainda, na mesma obra, o 2º diálogo: O céptico – "Dissidências"(pp. 27 s.).

2. Os princípios da doutrina espírita podem ser encontrados em outras filosofias, como demonstramos em nota ao livro *Pérolas no fio*. Listamos dez princípios que podemos encontrar na filosofia espírita e na filosofia hindu: I - Unidade divina; II - Existência dos espíritos como seres individuais e imortalizáveis; III - Concepção múltipla do homem; IV - Evolução em todos os planos da natureza; V - Progressividade dos espíritos; VI - Reencarnação; VII - Responsabilidade individual e coletiva; VIII - Lei de causa e efeito; IX - Pluralidade dos mundos habitados; X - Comunicabilidade entre os espíritos encarnados e desencarnados, e entre encarnados, por meios extrassensórios. A metodologia espírita é o ponto diferencial.

3. Conhecimento da ciência

> Aqueles que queiram tudo conhecer em uma ciência devem necessariamente ler tudo o que esteja escrito sobre a matéria, ou, pelo menos, as coisas principais, e não se limitarem a um único autor; devem ler o pró e o contra, as críticas assim como as apologias, iniciarem-se nos diferentes sistemas, a fim de poderem julgar por comparação. Sob este aspecto, não preconizamos, nem criticamos qualquer obra, não querendo, de nenhum modo, influenciar a opinião que dela se possa formar; trazendo nossa pedra ao edifício, entramos no número dos concorrentes: não nos cabe ser juiz e parte, e não temos a ridícula pretensão de ser o único distribuidor da luz; cabe ao leitor separar o bom do mau, o verdadeiro do falso. (Allan Kardec – *O livro dos médiuns*, nº 35)

4. Redação de *O livro dos espíritos* – Explicando a redação da primeira edição de *O livro dos espíritos,* Kardec escreve:

> A primeira coluna contém as perguntas e respostas textuais. A segunda encerra o enunciado da doutrina em forma fluente. São ambas, propriamente falando, duas redações ou duas formas diferentes do mesmo tema: uma tem a vantagem de mostrar de certa sorte a feição das entrevistas espíritas; outra a de permitir uma leitura sequente.
>
> Conquanto o assunto versado em cada coluna seja o mesmo, encerram às vezes uma e outra pensamentos especiais que, quando não resultam propriamente de perguntas diretas, não constituem menos o fruto das lições dadas pelos espíritos, visto como não há nenhuma que não seja expressão do pensamento deles. (*O primeiro livro dos espíritos*. Texto bilíngue. Tradução de Canuto Abreu. São Paulo, Companhia Editora Ismael, 1957, p. 31)

Nos Prolegômenos de *O livro dos espíritos*, Kardec explica:

> Este livro (...) nada contêm que não seja a expressão do pensamento deles e que não tenha sido submetido ao seu controle. A ordem e a distribuição metódica das matérias, assim como as notas

> e a forma de algumas partes da redação são a única obra daquele que recebeu a missão de publicá-los.

Em texto recolhido em *Obras póstumas* sob o título "Minha primeira iniciação no espiritismo", Kardec voltou a esclarecer:

> Tendo-me as circunstâncias colocado em relação com outros médiuns, cada vez que a ocasião se apresentava, eu a aproveitava para propor algumas das questões que me pareciam mais espinhosas. Foi assim que mais de dez médiuns prestaram sua assistência para este trabalho. Da comparação e da fusão de todas estas respostas coordenadas, classificadas e, muitas vezes, recompostas no silêncio da meditação, foi que eu elaborei a primeira edição do *Livro dos espíritos*, que apareceu em 18 de abril de 1857.

9. Consequências do Espiritismo

Os diferentes aspectos do espiritismo representam modos de conhecer pelos quais se procura alcançar maior parcela de verdade, processos de conhecimento sobre a natureza e os seres que a habitam, estendendo-se esta busca à vida além-túmulo. No pensamento espírita, ressaltam as consequências morais e religiosas, o coroamento do saber espírita, sem cuja aplicação ninguém deve assim qualificar-se realmente como espírita. Por serem corolários, não são a parte menos importante; pelo contrário, dizem respeito à aplicação do saber espírita à vida, como conhecimento transformante do sentir. Estas considerações levam-me a ponderar que o espiritismo tem por destinação o objetivo da religião, que é exatamente fazer-nos melhores, contribuir para o aperfeiçoamento da humanidade.

O espírita deve estar atento para a responsabilidade que deve assumir tanto na esfera individual quanto no campo social. O espiritismo se baseia em fatos, porém não se resume a eles. Não basta o conhecimento e a pesquisa científica dos fenômenos mediúnicos, nem o conhecimento da filosofia resultante do ensino dos espíritos. É imprescindível que o adepto perceba com clareza que o espiritismo não deve tornar-se um momento para o diletantismo científico ou filosófico que lhe propicie terreno para discussões. Não basta a comprovação da realidade espiritual e da sobrevivência do ser, há uma exigência de reforma íntima sem o que a doutrina se resumiria a uma bela notícia, mas não cumpriria o seu papel transformador do homem e da sociedade: ele traça diretrizes que, aceitas, podem conduzir à reforma estrutural da sociedade, conduzindo-a exatamente a modificar "suas leis, sua organização e sua educação", ou seja, tudo aquilo que entretém o egoísmo (*O livro dos espíritos*, nº 917). Esta é uma perspectiva que não pode ser posta de lado, nem nunca será demasiadamente exaltada.

Pode criticar-se tal posicionamento com a alegação de que não se veem sinais de que possa o espiritismo constituir um pensamento universal, capaz de remodelar as organizações humanas. Esta é uma visão pessoal que possuem do espiritismo os que esperam se manifeste ele triunfantemente superior a todas as religiões, às outras filosofias e até que submeta as ciências a seu modo de pensar, o que foi o ideal católico. Esta não pode ser uma visão do pensamento arraigado em Kardec, mas somente uma deformação. Não se deve entender a divulgação do espiritismo por este ângulo; não é bem por aí que o espiritismo deve influenciar a humanidade, ele não tem entre seus objetivos o de conferir o mesmo estatuto de identificação aos indivíduos, sem levar em conta a capacidade, a psicologia etc. de cada um. Não, de modo algum.

Não são determinadas estruturas do espiritismo, formações humanas de que ele se utiliza como órgãos de transmissão no mundo, que deverão expandir-se, e, sim, as verdades que veicula, o modo pelo qual as alcançou, a necessidade de levá-las a sério, não como um programa longínquo de ação de governo, mas como uma necessidade do ser humano, enraizada em seu íntimo, um desvelamento de sua natureza espiritual, desarticulando assim o materialismo hedonístico que se tem radicado mesmo entre religiosos.

Os desníveis sociais que levam, nas grandes cidades, as pessoas a alimentarem-se com restos retirados do lixo falam bem alto do egoísmo humano em termos coletivos. É exatamente aí que o espiritismo tem seu campo de atuação, e é aí que deve produzir frutos. A divulgação da doutrina espírita não pode limitar-se a falar sobre a sobrevivência da alma, dos mundos espirituais, esquecendo-se do ser encarnado e da miséria social à sua volta. O espiritismo apresentou-se em mãos de Allan Kardec como uma alavanca capaz de interpretar as verdades do Evangelho de Jesus, destacando a importância da sua aplicação para transformar a sociedade. Estas verdades não podem ser colocadas de lado: apesar de todo o respeito às atividades assistenciais que se deve ter e cultivar, é preciso perceber que se pode continuar mantendo as mesmas atitudes egoístas no meio de um movimento social, o que limita os frutos que poderia proporcionar. Infelizmente, o espírita nem sempre dá o exemplo da transformação moral que, segundo Kardec, seria essencial para que alguém pudesse ser assim qualificado. Não se trata de diminuir ou eliminar uma atividade em favor de outra, mas de somar, de manter toda e qualquer atividade espírita sob a inspiração divina, e isto exige que o indivíduo procure manter um coração puro.

A meu ver, todas as obras que estão sendo realizadas em nome do espiritismo são deveras importantes. A religião espírita não se perfaz na simples afirmação da existência do espírito e da comprovação de sua sobrevivência, nem no reconhecimento de postulados decorrentes da prática mediúnica e dos estudos filosóficos, como as leis de causalidade, a reencarnação ou as penas e gozos futuros etc., o que, se constitui uma parte considerável de sua contribuição, não representa a mais importante. A *destruição do egoísmo individual e coletivo da humanidade* faz parte da tarefa essencial do espiritismo. A divulgação espírita tem de estar voltada para atingir este objetivo. Não basta assinalar a sobrevivência da alma e a verdade reencarnacionista. O espírito, apesar de poder reencarnar para resgatar débitos individuais, familiares e coletivos, deve tornar-se um arquiteto de um novo mundo. A diminuição do egoísmo entre os homens capacitará o planeta a receber seres cada vez mais elevados que, com sua presença, ajudem a desestabilizar a onda de materialismo prático, decorrente da ação das consciências mais voltadas para a obtenção de proveitos materiais do que para as realizações e o progresso espiritual do homem.

10. O Tempo e a Mente

Qualquer observação, por mais superficial que seja, nos demonstra que estamos diante dos dias e das noites com o espaço de tempo em que o homem constrói sua existência. Uns maiores, outros menores, conforme a posição da Terra em relação ao Sol; no mais, temos sempre dias e noites iguais em tudo[1]. O homem criou a divisão do tempo, e nasceram os segundos, os minutos, as horas, os dias, os meses, os anos, os séculos e os milênios, como expressões delimitadoras do quefazer humano. Quando meditamos sobre isto, descobrimos que não é o modo formal pelo qual o tempo é delimitado, mas a ação humana o que lhe confere determinados valores. Assim, surgem os dias de trabalho e os de descanso, os feriados cívicos e religiosos, embora o tempo seja invariavelmente o mesmo do amanhecer ao anoitecer. Estas considerações dão-nos a perceber que é a mente humana a responsável pelo colorido específico de cada momento, e não o tempo, porquanto ela é que constrói ou destrói, avança ou estaciona, aproveita ou desperdiça, aprende ou desaprende, o que nos leva a considerar a responsabilidade do homem pelo que faz e igualmente pelo que deixa de fazer. Sem dúvida, se o tempo, de modo geral, é concedido como oportunidade para realizar ações, o valor específico destas depende do trabalho mental, da orientação que a criatura confere à própria vida. Queiramos ou não, somos seres responsáveis, ainda quando agimos 'irresponsavelmente'. Não se pode debitar à falta de oportunidade a não realização das ações, porque ao homem compete fazer a ocasião, criar a oportunidade na vida, que, como um rio navegável, concede-lhe o ensejo de realizar aquilo que deseja.

Naturalmente, poder-se-á dizer que não é correto afirmar que possa o homem realizar tudo aquilo que deseje. À primeira vista, a assertiva pode parecer demasiada e fora da realidade. Mas, pensemos bem, os atos da vida estão intimamente ligados numa cadeia causal, e assim uma determinada atitude produz, como consequência, um evento que, por sua vez, leva o indivíduo a agir, a tomar uma iniciativa tendente a resolver um problema, que, solucionado ou não, o impulsionará a novas ações ou omissões. Portanto, quando alguém não atinge um determinado objetivo, podemos dizer que não procurou adquirir os fundamentos necessários, não desenvolveu corretamente as ações anteriores que possibilitariam alcançar o objeto desejado. Se o estudante não se dedica com afinco aos estudos, se não observa horários, não se esforça nos exercícios que deve realizar, naturalmente que a competência não advirá pelo simples fato de frequentar um colégio ou até de ser sofrivelmente aprovado. De modo algum; por não cuidar disto, é que se vê uma grande quantidade de profissionais lançados todos os anos no mercado de trabalho sem a capacidade que seria de exigir-se no desempenho das tarefas para as quais deveriam estar habilitados. Não é o que realmente acontece? E isto não decorre da falta de preparo suficiente? Então podemos dizer que a falta de habilitação para atingir determinado objetivo é o resultado da situação construída pelo próprio interessado.

Claro que muitos indivíduos são colocados em situações sociais nas quais encontram barreiras muito difíceis de transpor, e, deste modo, parece que foram desqualificados para a vida. Esta é uma visão superficial do problema que não pode ser encampada pelos espíritas, já conhecedores dos processos evolutivos e da lei da reencarnação. É evidente que não se encontram os espíritos na mesma escala evolutiva: embora o nascimento ocorra com aspectos exteriores mais ou menos uniformes e o corpo, como patrimônio evolutivo, tenha as mesmas características, a mente individual revela sua posição e a capacidade de obter mais ou menos amplo desenvolvimento. Não significa isto nenhuma exceção, somente nos demonstra que, de acordo com o conhecimento espírita, não podemos limitar a visão a uma só existência. O homem é um ser imortal com uma indiscutível vivência palingenésica que o leva a realizar-se por meio do tempo, com contínuas oportunidades de exercer sua vontade em determinados sentidos, possibilidades renovadas de depurar-se e fortalecer-se. Não podemos, por outro lado, deixar de considerar que, em alguns casos, o próprio espírito cerceia a capacidade de agir, requerendo limitações, e embora, ao reencarnar, possa sentir aspirações insatisfeitas, geradoras de situações problemáticas, não se pode concluir daí tratar-se de uma exceção à regra, apenas uma autolimitação prévia. O homem é um ser de vontade, construtor de seu destino, cujos limites estão traçados pelo próprio desenvolvimento mental.

Dentro da visão espírita, não podemos deixar de perceber que o homem é um ser mediúnico, com maior ou menor capacidade de enlace com as mentes desencarnadas e encarnadas. Mas a aquisição das faculdades mediúnicas é uma consequência de seus atos: o ser já atingiu determinado estágio evolutivo, e elas se constituem o produto natural deste desenvolvimento; ou, endividado perante a lei, solicitou meios de ressarcir mais rapidamente os próprios débitos. Não se cria para o interessado nenhum privilégio; ao contrário, aumenta ele a conta de débitos a ressarcir, embora, há de reconhecer-se, venha a deter, com a mediunidade, um poderoso instrumento para resgatá-los. Devemos considerar, ainda, que a facilidade e a competência para a consecução das tarefas mediúnicas decorrem da vontade e dos constantes exercícios do médium. E aqui, mais uma vez, tudo depende da mente, porquanto, por meio dela, é que os espíritos estabelecem os contatos e fazem fluir seus pensamentos, num ato que tem tudo de parceria, mas que não se pode realizar sem que haja acesso permitido por parte do interessado.

Objeções podem ser levantadas em contrário, lembrando o caso das obsessões, que não seriam procuradas, nem desejadas. Esta, pelo menos, é uma observação corriqueira. Mas não terá sido procurada, não terá sido desejada? É o que nos cabe perguntar e conferir, porque as obsessões não se estabelecem gratuitamente, são o resultado do conúbio das mentes que se afinaram e, ainda quando resultem de provações purificadoras, devemos levar em consideração que a vicissitude atual é produto de relações passadas em que a mente obsessora e a obsedada se envolveram. Libertar-se de tal situação vexatória implica em exercício da vontade, sem o que todo socorro se torna inócuo, porquanto o indivíduo, mesmo quando liberto das pressões obsessivas por intervenção dos espíritos amigos, torna ao estado anterior ou muito pior: sua mente, ingerindo pensamentos perniciosos, afigura-se ao antigo mata-borrão sugando tinta. Não podemos esquecer que se a mediunidade é, sobretudo, afinidade de mentes, a obsessão também o é, daí o cuidado que teve Allan Kardec de dedicar um capítulo de *O livro dos médiuns*[2] a seu estudo, alertando os companheiros das lides mediúnicas para o cuidado que devem ter no desempenho das tarefas de intercâmbio.

No campo da mediunidade, podemos verificar que a mente dá o colorido específico ao tempo. Há médiuns que o aproveitam e há os que o desperdiçam; há os que trabalham com muito afinco para tornarem-se mais úteis e, portanto, mais dóceis ao pensamento dos mentores, enquanto outros procuram impor-se no relacionamento, de modo que transformam em impossibilidade o esforço construtivo, passando a falar ou escrever sozinhos, ou com o auxílio de entidades acostumadas ao beletrismo improdutivo. O médium recebe, como qualquer indivíduo, uma faixa de tempo para o trabalho, e o colore por meio de suas ações, transformando-o em tempo produtivo ou improdutivo, qualificando-se ou desqualificando-se para outras realizações durante essa encarnação ou em outra. Não pode queixar-se da falta de assistência e de amparo dos espíritos que o dirigem, mas de si mesmo, sempre que, desviando-se dos compromissos, acaba por ser colocado de lado nos projetos sérios conveniados com os mentores.

Como vemos, o processo mediúnico não se apresenta como uma fábrica de confecção de facilidades, como se pensa. Nada disto; sem o esforço devido, não se pode alcançar qualquer resultado realmente produtivo, e não existe a possibilidade de fazê-lo sem um empenho deliberado da mente na direção certa, em que as normas do Evangelho de Jesus se tornem um modo de viver, criando uma segunda natureza no homem.

NOTAS

1. Tempo – Em realidade, o período de um dia aumenta imperceptivelmente com o decorrer do tempo como efeito do retardamento da rotação da Terra pela Lua. A travagem no movimento do planeta decorre como consequência da ação do satélite sobre as marés: o movimento destas produz uma fricção sobre a crosta terrestre, com liberação de calor e perda de energia de rotação, fazendo com que a Terra gire mais lentamente em volta de seu eixo. Mas o aumento é imperceptível: em cem anos, o dia aumentará apenas 0,002 segundo. Esta insignificância temporal, no entanto, gera diferenças consideráveis em termos geológicos, o que significa que a Terra já desenvolveu seu movimento de rotação em maior velocidade, tornando os dias mais curtos: há 350 milhões de anos, o dia tinha a duração de 22 horas. (veja Trinh Xuan Thuan – *O Caos e a Harmonia; a fabricação do real*. Lisboa, Terramar, 1999).

2. Da Obsessão, cap. XXIII.

11. A Caridade e a Vida Além-Túmulo

O existir no mundo espiritual não difere muito, no essencial, da vida no campo físico; afinal, de um ou de outro lado da existência, estamos ainda na Terra, no sentido de que estamos relacionados a seus habitantes e vinculados ao desenvolvimento da vida e a seu progresso. Não somos seres estranhos, nenhum extraterrestre.

Há, sem dúvida, os que, abeirando-se da doutrina espírita, e diante das mensagens espirituais, de logo começam a sonhar com um paraíso além-túmulo e a pensar na vida que terão ao alcançar o porto de chegada. É bom não ter muita pressa, esta é uma viagem que não se pode fazer com uma sacola às costas, como faziam os "hippies", indo de praia em praia, de cidade em cidade, e até de país a país. De modo algum; a coisa é bem outra; se para aqui não se transportam bens materiais, nem títulos alcançados, não há dúvida que nem por isso deixa de haver uma bagagem própria que facilitará a vida. O saber e os atos de bondade, generosidade, fraternidade, caridade, são os tesouros apreciados por estas bandas, os quais nenhum viajante, no momento da partida, pode esquecer. São valores que não se adquirem de afogadilho, mas que são indispensáveis, e, por isso, se faz necessário ampliar tais recursos que enriquecem a individualidade. Acima de tudo, o amor e a caridade são sentimentos que devem enriquecer o homem e prepará-lo para o "encontro com a verdade", como se costuma dizer.

Aliás, Kardec destacou muito bem a situação ao inscrever a sentença 'fora da caridade não há salvação', como lema básico capaz de sintetizar o discurso espírita no que se refere ao objetivo e aos meios de alcançá-lo. A doutrina espírita, toda ela, objetiva a libertação individual e coletiva do homem, isto é, a 'salvação', como se diz em terminologia religiosa, e, como meio prático para atingi-la, apontou ele a caridade. Mas, como sabemos, a caridade em espiritismo não se resume aos atos de beneficência, como muita gente pensa. Não; há pessoas que dão, e dão muito, aos pobres, distribuem farnéis, remédios, sopas etc., mas não têm o mínimo de paciência no lar com a esposa ou com os filhos, revelam-se chefes arbitrários nas repartições e empresas ou se tornam funcionários e servidores incapazes de cumprir corretamente com o dever pelo qual percebem salários. Se, por um lado, fazem algo louvável, desfazem por outro; como consigna o velho ditado, "fazem com uma mão e desfazem com a outra".

Não se pode deixar de ter em conta que a beneficência pode ser praticada à larga pelas pessoas de maior patrimônio e por instituições que arrecadam doações de colaboradores, que os governos e organizações não-governamentais podem inserir, no cardápio de ações, atividades altamente benéficas de socorro às populações carentes, enfim, a beneficência pode ser terceirizada, mas a benevolência é tarefa individual a ser praticada pelo indivíduo de modo intransferível. Os valores que formam o caráter de uma pessoa não podem ser entregues a outrem para que exercite em seu nome determinados atos. A benevolência, a indulgência e o perdão – os ingredientes do amor – determinam os impulsos mais generosos da verdadeira caridade despida de interesses. Em outras palavras, não há verdadeira caridade, quando se limita esta a atos de beneficência sem que o indivíduo procure modificar-se interiormente. Não que estes gestos não sejam contabilizados; tudo o que beneficia o próximo tem resposta das leis divinas, porém não pode constituir-se em instrumento da 'salvação' de que falava Kardec, transcrevendo o ensinamento dos espíritos[1].

Pois bem, sem essa bagagem é muito difícil permanecer aqui em paz, e, por isso, muitos dos que chegam têm pressa em voltar para refazerem o caminho, quando percebem que o 'saco'[2] que conduzem, apesar de volumoso, pesa pouco em termos de realidade espiritual. A lição relembrada é deveras oportuna. Cabendo ao espírita trabalhar pela sua libertação do jugo das ordens inferiores da vida, aceitando o jugo do Senhor – a obrigação de servir desinteressadamente seu semelhante no cumprimento do mandato divino do *amai-vos os aos outros*

–, é indispensável acautelar-se ele, no seu modo de atuar, contra certas generalizações e atentar, um pouco mais, para as lições básicas, entendendo que a "vida além do véu" não se constitui de férias num hotel de cinco estrelas nem em colônia de férias. O trabalho se revela bem duro para quantos deixam para 'despertar' deste lado de cá da vida.

Uma coisa, indubitavelmente, pode assegurar-se: a doutrina espírita, a todo o momento, procura despertar os que lhe aceitam as diretrizes do pesado sono do autoengano, embora infelizmente nem todos a assimilem suficientemente para acordar. O espiritismo é uma doutrina de despertos e, de nenhum modo, incentiva a sonolência, que só acontece porque muitos adeptos, apesar de todas as lições, continuam com o raciocínio preso aos velhos sistemas religiosos, seja porque lhes foi o alimento da infância, seja porque, desprotegidos, durante esta, dos ensinamentos espirituais, acabaram por assimilar a religiosidade popular, onde todas as coisas são feitas em busca de prazer, de recompensas imediatas etc. Sem dúvida, um maior conhecimento da realidade espiritual, transferida ao neófito pela prática do espiritismo, torna-o mais responsável perante os atos da vida. E isto o obriga a fiscalizar o que pensa, o que fala, o que escreve etc., enfim, a própria conduta, e a prestar atenção no caminho que percorre.

Em outras palavras, a doutrina espírita destaca e confere ao adepto um alto sentido de responsabilidade, porque o impede de alegar ignorância. Afinal, o contato com os amigos espirituais, as advertências, os conselhos, as instruções recebidas, a conversação com as entidades que se encontram em necessidade espiritual nas reuniões de caridade, são breviários ao alcance de todos, quer diretamente, quer por meio dos livros que reproduzem esses encontros singulares. Não pode, portanto, escorar-se, por ocasião da 'prestação de contas', em um desconhecimento da Lei, o qual, se não beneficia aqueles que parecem ignorá-la, muito menos o faz em relação àqueles que, com o conhecimento à mão, preferem encastelar-se no palavrório, perpetuando-se no mesmo estado. Há um ditado popular que vem a calhar aqui: "discurso não enche a barriga de ninguém". É preciso fazer um pouco mais que belas pregações, é preciso agir conscientemente na prática do bem, modificando os hábitos, aprendendo outros, desenvolvendo virtudes, enfim, transformando-se moralmente, como indicava Kardec para que o adepto pudesse ser denominado espírita-cristão[3].

Aqui, podemos concluir: a caridade condizente com a libertação de que nos falava Kardec é, sobretudo, *aquela que se constitui em fundamento da transformação moral do ser*,[4] uma consequência natural do amor adquirido que cria e recria a nova natureza do homem. Não há dúvida que o indivíduo, não tendo alcançado tal estado, deve exercitar-se, deve desenvolver os esforços necessários para atingi-lo. Os exercícios que realizar diariamente para socorrer as necessidades alheias o habituarão na prática do bem, a estender a rede de fraternidade e solidariedade, e a compreender que suas reclamações são fruto da ignorância, demonstrando-lhe que, aí mesmo na Terra, pode colher os frutos de uma consciência límpida. Este o único tesouro que, por aqui, tem valor e, portanto, é a única bagagem que deve o homem se esforçar por trazer.

NOTAS

1. A respeito esclareceu o espírito de Camilo Rodrigues Chaves, pela mediunidade de Chico Xavier:

> Daí nos doerem, fundo, as faltas de omissão, porque todos trazemos para cá a preocupação de não haver feito pelo bem tudo aquilo que poderíamos ter realizado , no transcurso de nossa permanência no corpo.
>
> Não nos iludamos.
>
> Exercer a caridade vulgar, alimentando os famintos e agasalhando os nus, é simples dever nosso, em nossas novas noções de solidariedade e justiça.
>
> E não nos esqueçamos que a caridade real será sempre iluminar o espírito humano para que o espírito humano se conheça e ajude a si próprio. ("Confortadora visita", *in Instruções psicofônicas*. Francisco Cândido Xavier. Rio de Janeiro, FEB, 1956, p. 212)

2. Veja o item 15 do cap. XIII de *O evangelho segundo o espiritismo*.

3. Veja o item 28, nº 3 de *O livro dos médiuns*.

4. Veja o item 4 do cap. XVII de *O evangelho segundo o espiritismo*.

12. História e Educação

A aprendizagem das lições proporcionadas pela história é um impositivo para evitar que se cometam erros semelhantes aos do passado na vida individual ou coletiva dos povos. Muitos julgam que a história é passadismo, que tudo já se foi e não adianta, pois, estar rememorando fatos que aconteceram há muitos anos, séculos e até milênios. Mas não é bem assim. Podemos deixar de lado a vida de Jesus como orientadora da civilização? Teremos realmente uma civilização digna deste nome, enquanto os princípios do Sermão da Montanha não começarem a ser estabelecidos como normas fundamentais dos Estados? É claro que não. Na vida individual também não se pode colocar de lado a visão do passado, porque, sem esta, a criatura acabará por desconhecer-se, presa a uma amnésia retrógrada[1], que lhe impedirá a identificação dos erros e sua erradicação.

Certamente, não só erros foram cometidos no passado remoto ou recente, existiram igualmente acertos, e muitos, mas como poderá o indivíduo avaliar os próprios impulsos, se apenas se volta para o que imagina ser, sem qualquer estudo de si mesmo? Vejamos o comportamento do analista quando pretende ajudar seu cliente: ele procura perquirir sua vida anterior, recolhe sua história individual, seus relacionamentos, ajustes e desajustes, numa anamnese tanto mais completa quanto possível porque possa conhecer as forças inconscientes que o impelem: os traumas que estão criando obstáculos a um livre fluxo das energias, complexos que foram gerados como nódulos na personalidade, impedindo seu completo amadurecimento. Não há necessidade de que alguém tenha de internar-se no divã do analista ou frequentar-lhe o consultório, caso habitue-se a rever seus atos a fim de detectar o caminho por e para onde eles o impulsionam.

A história individual é muito importante no desenvolvimento da individualidade, e, por isso mesmo, os espíritos assinalaram a Allan Kardec que, ao chegarem ao além-túmulo, procuravam estudar suas vidas passadas[2], por ser um meio de abalançar acertos e erros de trajetória e corrigirem-se. Não se trata de viver voltado para o passado, enquanto encarnado, numa lamentação perene ou num triste saudosismo, como ocorre com as pessoas que, à proporção que envelhecem, começam a rejeitar a evolução dos tempos, repetindo sempre o velho chavão 'no meu tempo, não era assim'. Reconheçamos que, às vezes, não lhes deixa de sobrar razão, porque alguns bons costumes foram colocados de lado, perderam-se orientações básicas para a vida ou estão esquecidas. Não se pode dizer, porém, que tudo no passado eram flores, nem se negar os avanços feitos pelas ciências, que, com o auxílio da tecnologia, têm ajudado o desenvolvimento humano. Tudo isto é muito natural, porquanto ciência e tecnologia são frutos da evolução.

Vemos, assim, que a própria psicologia nos leva a não colocar de lado o estudo da história individual como um meio de conhecer-se, embora isto não signifique que se deva viver do passado, com os olhos a ele presos, sem mirar de frente os obstáculos e desafios que o presente oferece. É claro que não; a visão do passado, a consciência dos passos dados tem por finalidade conscientizar o indivíduo dos caminhos percorridos, evitando a recorrência de atitudes, de comportamentos que o tenham desviado do objetivo a atingir, fazê-lo compreender melhor a vida e reforçar os acertos para impulsioná-lo na direção correta.

O estudo da história também não deve ser esquecido quando se trata da vida dos povos, das instituições, dos grupos, inclusive religiosos. Quando se faz o retrospecto histórico, descobrimos que, na maioria das vezes, as comunidades tendem a repetir os erros, recair em enganos idênticos, como se sentissem dificuldade para desenraizar o passado que pesa na consciência coletiva. Elas, da mesma forma, pagam um alto preço para evoluir, porquanto não é fácil deixar certos costumes que se lhes incrustaram. Vejamos a escravidão.

Durante séculos, por meio de guerras e conquistas, os povos vencidos foram conduzidos como presas pelos conquistadores e transformados em escravos, perdendo o direito à vida, destinados aos mais diferentes serviços ao sabor dos senhores do momento. Mais tarde, foi o sequestro em massa nas regiões africanas, e a venda de escravos tornou-se comércio legal e fonte de entradas para a economia. Apesar das leis de guerra e das constituições modernas abolirem a escravidão, podemos dizer que, de fato, ela é coisa do passado? Não vemos indivíduos conduzidos a fazendas agrícolas serem condicionados a um regime de escravidão pela necessidade de alimentarem-se para sobreviver? Não vemos crianças submetidas a trabalhos que já seriam demasiados para adultos? A sociedade não nos mostra a escravidão de mulheres, o abuso a que são submetidas desde tenra idade para satisfação dos novos faunos redivivos? Não se encontram elas submetidas, em alguns países, a condições realmente desalentadoras, mantidas apenas como objetos de prazer, sem direitos reconhecidos senão o de servirem aos homens? Não percebemos que populações inteiras são dizimadas pela fome, vivendo em situação mais horrenda que a dos antigos escravos, bem alimentados por representarem força-trabalho no enriquecimento dos senhores? Trabalhadores não são explorados pelos detentores do capital, devendo aceitar-lhes as condições impostas em contratos de adesão para que possam sobreviver biologicamente? Chega-se, destarte, à conclusão de que o homem ainda não se libertou da memória atávica da escravidão, tendendo a reviver as formas de domínio sobre seu semelhante.

A história não pode ser lembrada somente por ocasião de certas datas, para efeito de comemoração. Afinal, não basta comemorarmos a independência de um país para o classificarmos realmente como independente e livre, senhor do seu destino. É preciso mais que isto; a ufania das comemorações serve para aumentar os gastos e não traz ao povo o sentido de liberdade que não se lhe ensinou por meio da educação. É preciso conhecer o passado para não recair em erros semelhantes.

Os movimentos religiosos sempre se julgam desprendidos dessa influência, o que lhes faz recair ciclicamente nos mesmos enganos. Vemos, por toda parte, o surgimento de salvadores, de missionários, a luta pelo poder e controle do maior número de indivíduos e instituições, numa disputa que reproduz evidentemente situações já vividas e que surgem na vida dos povos como reprodução de raízes que se mantêm vivas nos indivíduos. Ao renascerem, trazem eles as mesmas ideias, quando os séculos e até milênios não foram suficientes para operar uma modificação no modo de pensar e, portanto, de viver. Percebe-se facilmente a repetição dos erros com uma simples olhadela no passado recente ou remoto. Infelizmente, no próprio movimento espírita, a que todos estamos ligados de modo mais direto, estas deformações se apresentam, de modo claro, em disputas e atitudes que reproduzem tempos idos. Uma leitura, apenas uma leitura, da história religiosa do cristianismo, no início da Igreja Católica, no século IV, ou do aparecimento da Reforma no século XV, mostrará que umas tantas divergências de orientação, no seio do movimento espírita, são apenas reproduções modernas das lutas por hegemonia, das disputas de ideias que, se estiveram amortecidas por uns tempos, voltaram com os mesmos impulsos do passado, com idêntica força, se bem que a violência agora seja mais verbal, psicológica, em face de as leis modernas não mais permitirem o uso da força para dominar convicções alheias. A leitura atenta esclareceria sobre a origem psicológica dos desvios; infelizmente, muita gente pensa ser isto coisa do passado e que se encontra isenta desses perigos ou, o que é pior, consideram-se missionários vindos à Terra com a finalidade de conduzir o rebanho dos que, segundo apregoam, precisam ser salvos, como se os demais indivíduos não tivessem cabeça para pensar e pernas para andar. Pode-se concluir que um pouco de história seria um remédio útil para muitos e talvez lhes ajudasse a despertar.

O estudo histórico, todavia, de nada adiantaria se não fosse acompanhado de medidas destinadas a corrigir os desvios. A anamnese nos consultórios psicológicos já nos adverte para isto: o analista não é um historiador a escrever sobre a vida do cliente; não basta que recolha dados, a finalidade da investigação é ajudá-lo a reorientá-la. A perspectiva histórica na vida individual não se destina a viver ou acalentar complexos, nem a chorar sobre traumas, mas a possibilitar a reeducação da pessoa humana, a criação de novos hábitos, como bem assinalou Kardec ao tratar da educação[3]. É a transformação moral o que se pretende com a renovação do indivíduo, por constituir-se num elemento de elevação pessoal e na força renovadora da vida dos povos.

Pode ver-se por aí a importância de relacionar o estudo da história com a educação dos indivíduos. Na vida comunitária, os passos são idênticos: há uma extrema necessidade de prestar-se atenção à educação das crianças e jovens, porque são os novos rios que lançam suas águas no meio social, e, naturalmente, pesarão de uma forma positiva ou negativa conforme a educação recebida.

Não é possível deixar de reconhecer que o grande desafio da humanidade é a educação das novas gerações. Com referência ao espiritismo, a hora é de ensinar a pensar para que não se confunda a informação sobre a sobrevivência da alma, a vida além-túmulo, a lei de causa e efeito etc. etc. com a transformação moral indispensável à criação de verdadeiros caracteres espíritas. Transformação moral é, em Kardec, transformação mental, e quando não se ensina o adepto a pensar por si mesmo e não se lhe desenvolve a capacidade de discernir, de aceitar ou rejeitar, ou se a verdade histórica lhe é sonegada em nome de certos prejuízos, então não há muita esperança de obter-se uma modificação favorável a influenciar na construção de um novo mundo. Sem dúvida, quem não consegue pensar por si, quem espera a "verdade" que provenha de outro indivíduo, de um médium, de um espírito ou de uma instituição, destinatários da revelação, que, às vezes, se julgam únicos, jamais poderá atingir o estado de liberdade espiritual, resultante da quebra dos grilhões da escravidão religiosa, nem tomará conhecimento da plena responsabilidade por seus atos, alijando os ídolos de sua vida e da vida coletiva. Não sei se todos pensam como eu, mas, enquanto se mantiver o indivíduo na ignorância, não se pode falar realmente de religião.

NOTAS

1. Amnésia retrógrada – Incapacidade de recordar as lembranças fixadas.

2. Vidas passadas – Veja item 227 de *O livro dos espíritos*: Estudam seu passado (*Ils édudient leur passé*) e procuram meios para elevarem-se.

3. Educação – Veja a nota de Allan Kardec ao item 917 de *O livro dos espíritos*.

13. Instrumentação Mediúnica

A mediunidade, como sabemos, é a faculdade que nos habilita a comunicação com os que se encontram ainda na esfera física, possibilitando uma mais larga comunhão de interesses por permitir a transmissão de notícias e lições aqui recolhidas para os que aí permanecem. A mediunidade ainda nos proporciona, nas reuniões de caridade, a criação de ambiente propício ao tratamento de entidades pela assimilação de certas energias, pertencentes à esfera física, das quais ainda se fazem necessitados. Sem dúvida é um belo trabalho de cooperação em que todos acabam recebendo algo mais em aprendizagem e em benefícios.

O que importa chamar a atenção, no entanto, é que se trata de uma faculdade inerente[1] ao homem e dele depende no seu desenvolvimento e aplicação prática, e não dos espíritos, que apenas agem e modulam o instrumento segundo a própria disponibilidade em que este se coloca.

O espiritismo não se resume aos fatos mediúnicos: há um imenso corpo filosófico de orientação da vida, uma visão de mundo capaz de fornecer elementos para a vida individual e a vida coletiva, preparando o homem, no seu amadurecimento espiritual, para atingir mais altos níveis de existência. Entretanto, é justo compreender que a mediunidade ofereceu a base de apoio com a qual a doutrina se constituiu como revelação divina em benefício do homem. Assim, pode dizer-se que se o fenômeno mediúnico em si não pode constituir a doutrina, foi ele que possibilitou sua transmissão, além de ser um elemento indispensável a seu progresso. Não se pode, em razão disto, descuidar do aperfeiçoamento da instrumentação mediúnica, como, aliás, ocorre em toda ciência. Em que situação estaria a astronomia, se estivesse ainda limitada à luneta de Galileu ou somente aos instrumentos óticos? Como estaria a medicina sem as tecnologias de invasão do corpo humano para fotografá-lo no seu interior e sem os modernos exames que auxiliam a detecção da doença no início, facilitando os processos de cura? E a microbiologia, sem os microscópios eletrônicos, permitindo ampliar um milhão de vezes o objeto em exame? A criação e o aperfeiçoamento da instrumentação permitiram a ampliação do conhecimento sobre o universo, a natureza e o homem. E os modernos meios de comunicação, eliminando distâncias, não tornaram os povos mais próximos uns dos outros?

Ora, por que somente no terreno do espiritismo não seria necessário, como ocorre na ciência, o aperfeiçoamento do instrumento, o burilamento das faculdades mediúnicas, possibilitando mais seguras incursões no mundo dos espíritos e favorecendo o conhecimento e o crescimento da individualidade, sem necessidade de esperar pela morte para que isto se verifique? E como realizar tal tentame senão pela prática dos ensinos de Jesus? A mediunidade é a ponte que possibilita a progressividade da doutrina ao permitir o intercâmbio entre os habitantes de duas regiões da vida, gerando a oportunidade de crescimento individual e coletivo. Com isto, não quero dizer que se deva ficar extasiado ante certos fenômenos inusitados, produzidos por alguns médiuns. De modo algum; quero chamar a atenção apenas para o fato de que o intercâmbio mediúnico é um meio de sustentação da doutrina pela comprovação da sobrevivência, da imortalidade da alma e pela visão dela decorrente, pelos ensinos ministrados, pela verificação das leis de reencarnação e de causa e efeito etc. Do aperfeiçoamento mediúnico, surgirá um mais dinâmico contato com a esfera espiritual, uma maior influenciação dos espíritos superiores sobre o planeta, ajudando a ampliar a capacidade mental e a despertar o sentimento de globalização no que diz respeito aos interesses maiores da fraternidade entre os homens.

Destacamos, pois, o fato: assim como a evolução das ciências está, em parte, na dependência do aperfeiçoamento de instrumentos de observação para a confirmação de novas teorias, há, no espiritismo, uma indeclinável necessidade de aperfeiçoamento dos médiuns para que a comunicação com os espíritos superiores possa dar-se de modo mais fluente e estável, evitando-se, tanto quanto possível, interferências estranhas do medianeiro ou de espíritos outros que com ele simpatizem. Sem dúvida, o contínuo exercício mediúnico é fator preponderante: um dilatado relacionamento no tempo com os espíritos em geral, ou com determinado espírito em particular, facilita a formação de campos magnéticos úteis para a comunicação, tanto mais necessários quanto maior é a elevação do espírito, obrigado, no processo mediúnico, a adaptar-se às qualidades do intermediário que deseja utilizar no intercâmbio. Quando isto se torna muito difícil, não é raro que se utilize de um outro espírito como intermediário para transmitir a mensagem, desempenhando este mais ou menos perfeitamente o mandato recebido, conforme seu treinamento na consecução de tal espécie de serviço.

Não basta, porém, o simples exercício para conferir ao médium a possibilidade de comunicar-se com determinados espíritos. Não se trata apenas de adquirir habilidade para uma espécie ou outra de mediunidade; afinal, a mediunidade não resulta de um simples esforço mecânico; se assim fosse, todos aqueles que desejassem poderiam comunicar-se com os espíritos superiores, o que infelizmente não acontece. Destarte, quando os espíritos pertencem a categorias mais avançadas, é necessário que o médium ainda mais se aperfeiçoe moralmente, sem o que a disparidade de fluidos poderá tornar impossível o cometimento, ainda existindo boa vontade dos comunicantes em vencer a dificuldade. Médium mais aperfeiçoado é sinônimo de médium mais evangelizado, isto é, companheiro que se adapta melhor aos rigores do sol do Cristo. Sem isto, indubitavelmente, teremos sempre interferências, dificuldades, impossibilidades. A mediunidade, no que se refere à qualidade do produto, ao conteúdo da mensagem, depende indiscutivelmente da moral do médium, porque sua conduta é o ímã que atrairá os espíritos bons.

Sem dúvida, quando se trata da elaboração de determinadas ideias, há necessidade de aperfeiçoamento do médium em outro sentido. No início do movimento espírita, os espíritos utilizaram-se de médiuns da mais variada formação intelectual, e, assim, tivemos instrumentos mediúnicos sem muita ou nenhuma cultura, o que exigia do espírito comunicante um maior esforço de transmissão, exigindo o ditado da frase, das sentenças, até palavra por palavra, letra por letra. Eram trabalhos às vezes demorados, sobretudo quando eram utilizadas cestas e mesas como auxiliares na produção das comunicações. Médiuns analfabetos ou sem muitas letras, de pouca cultura, adolescentes e donas de casa, operários sem maior instrução, foram chamados a dar sua colaboração na edificação do grande edifício. Quando não se conheciam ainda as leis que regiam a mediunidade, procurava-se estabelecer, na ignorância do médium, a certeza de que ele era um elemento passivo nas mãos dos espíritos, por transcrever ideias, vocabulário, estilo, acima das suas possibilidades interpretativas. Passado, no entanto, aquele tempo, como registrou Kardec[2], com a multiplicação dos medianeiros e com o maior conhecimento daquelas leis, do modo de operar a relação espírito-médium, não só os espíritos começaram a selecionar os companheiros que lhes oferecessem maior facilidade, como os próprios médiuns começaram a cuidar melhor, conhecedores das exigências mediúnicas, de satisfazê-las com a aquisição de conhecimentos que os tornassem instrumentos mais dóceis aos espíritos. Ainda há muita gente, é verdade, que só acredita nas manifestações dos espíritos se o conteúdo da mensagem estiver em completa discordância com a cultura do médium, ou seja, muito acima das suas possibilidades. Não há dúvida de que este é um ponto a considerar no exame da mensagem, mas que, por si só, isoladamente, não elimina a possibilidade, por exemplo, do animismo: o médium ignorante pode ter sido um homem culto em outra vida e, durante o transe sonambúlico ou no êxtase, pode revelar conhecimentos acima da sua capacidade atual, por serem estes estados mais próprios a manifestações anímicas, como esclareceram os espíritos a Allan Kardec[3].

Isso não exclui a possibilidade de que os espíritos venham a se utilizar desses médiuns porque seus conhecimentos passados facilitam a produção de comunicados, nos feitos da xenoglossia[4]. Entretanto, não pode o médium escorar-se num possível conhecimento adquirido em outra existência, considerando a possibilidade do espírito comunicante aprofundar-se em seus arcabouços perispirituais e encontrar os materiais de que necessita, para alijar-se da obrigação de estudar. No espiritismo, não se legitima a preguiça. De modo algum. Em primeiro lugar, não se pode assegurar que determinado médium, em vidas anteriores, tenha realmente tido uma cultura suficiente. Em segundo lugar, nem todo espírito é hábil para mergulhar no campo mental, nos arquivos do médium, e recolher o material, isto sem considerar o esforço a que é obrigado na transmissão do comunicado. E, finalmente, em terceiro lugar, não se pode deixar de anotar que o avanço do conhecimento exige para a transmissão de certas mensagens a atualização necessária de modo que se ofereça ao espírito o material para emitir ideias e concepções mais consentâneas com o presente. Dos espíritos, não se pode exigir milagres.

Hoje em dia, torna-se indispensável aos médiuns aperfeiçoarem-se intelectualmente por meio de estudos para adquirirem ideias novas, ampliarem o vocabulário etc., indispensáveis ao crescimento no campo da cultura, oferecendo aos espíritos elementos indispensáveis à manifestação e à exposição de suas ideias com mais correção. Ainda que possam ocorrer casos de médiuns analfabetos ou de nenhuma cultura, sem dúvida os espíritos dão preferência àqueles que lhes possam facilitar o comunicado e ser mais úteis na transmissão. Se o médium deseja tornar-se instrumento hábil na esfera da poesia mediúnica, deve entender-se com suas regras; se pretende recepcionar romances, não pode ignorar a literatura: não se faz poesia apenas ajuntando frases curtas em separado, nem simples conversações de personagens habilitam o médium a asseverar que recepcionou um romance[5]. Os espíritos costumam praticar exercícios para ajustar o médium a trabalhos futuros, porém se trata, realmente, de um imperdoável engano que muitos destes arrazoados venham à luz, como se fosse uma obra acabada e pronta para a divulgação. O médium, sobretudo quando se mostre incapaz de avaliar o trabalho recepcionado, deve submetê-lo a pessoas mais competentes, mesmo que não sejam espíritas, facilitando, com as críticas e os esclarecimentos, a aquisição da segurança necessária e desejada. Frutos arrancados prematuramente da árvore não costumam amadurecer.

Esses são ângulos que não podem ser esquecidos quando se trata do aperfeiçoamento mediúnico. Finalmente, ninguém deve enganar-se, julgando que a educação moral se reduza, simplesmente, à monogamia e à isenção de certos vícios. Desajustes inúmeros no relacionamento demonstram desequilíbrios morais. A vaidade, o orgulho, o egoísmo, a sensualidade etc., costumam perder belas promessas no setor da mediunidade, porquanto médiuns de ambos os sexos são assediados por obsessores desencarnados e encarnados, com elogios, mesuras etc. etc. Não podemos esquecer que o próprio mestre Allan Kardec, tão seguro em suas manifestações na análise mediúnica, revelou que teve de arrepender-se por elogios dedicados a um médium[6], quando apenas buscava incentivá-lo no desempenho e perseverança na tarefa. O que dizer daqueles que se aproximam do médium a fim de recolher vantagens, pensando ver nesse um meio de apoderarem-se dos espíritos e alcançarem seus propósitos? O médium deve precaver-se de tudo aquilo que o coloque em destaque e considerar-se apenas um trabalhador como os outros em determinada tarefa específica, porém não a única de importância dentro do movimento doutrinário.

Podemos concluir, pois, que o avanço da doutrina, a progressividade da revelação passa, sem dúvida, pela melhoria da instrumentação mediúnica oferecida aos espíritos, e que esta não pode ocorrer sem o aperfeiçoamento intelectual e, sobretudo, moral dos médiuns.

NOTAS

1. Faculdade mediúnica – “Essa faculdade é inerente ao homem; não constitui, portanto, um privilégio exclusivo. Por isso mesmo, raras são as pessoas que dela não possuam alguns rudimentos” (*O livro dos médiuns*, nº 159).

2. Seleção dos médiuns – “Tenha-se, porém, como certo que tempo virá em que os médiuns serão muito comuns, de sorte que os bons espíritos não precisarão servir-se de instrumentos maus” (Erasto *in O livro dos médiuns*, nº 226:5).

3. Sonambulismo e animismo – “No estado de sonambulismo ou de êxtase é que, principalmente, o espírito do médium se manifesta, porque então se encontra mais livre" (*O livro dos médiuns*, nº 223:3. Veja ainda o n. 223:4).

4. Xenoglossia – Segundo os espíritos de Erasto e Timóteo, a aptidão para escrever em língua estranha poderia ser proveniente de conhecimento que dela tivesse o médium em outra encarnação ou da ação espiritual que vencesse a resistência material encontrada, esforço que se compara ao daquele que leva o médium a escrever em sua língua materna termos que ignora (*O livro dos médiuns*, nº 223:17). André Luiz, entretanto, apenas contempla a primeira hipótese. Em se referindo a comunicações escritas por médiuns analfabetos, esclarece que o cometimento fica na dependência da habilidade adquirida em encarnação anterior:

> Em todos os casos de xenoglossia, é preciso lembrar que as forças do passado são trazidas ao presente. Os desencarnados, elaborando fenômenos dessa ordem, interferem, quase sempre, por meio de impulsos automáticos, nas energias subconscienciais, mas exclusivamente por intermédio de personalidades que lhes são afins no tempo. Quando um médium analfabeto se põe a escrever sob o controle de um amigo domiciliado em nosso plano, isso não quer dizer que o mensageiro espiritual haja removido milagrosamente as pedras da ignorância. Mostra simplesmente que o psicógrafo traz consigo, de outras encarnações, a arte da escrita já conquistada e retida no arquivo da memória, cujos centros o companheiro desencarnado consegue manobrar. (*Nos domínios da mediunidade*. Rio de Janeiro, FEB, 1955, cap. 23, p. 202 s.)

5. Psicografia – Júlio César Grandi (Julinho) contou-me que, em conversa com Chico Xavier, este comentara que a época de médiuns analfabetos e iletrados passara e que, se um médium desejasse ser intermediário para comunicações poéticas, deveria aprender a arte da poesia. Há naturalmente o caso daqueles que foram poetas em outra existência e oferecem, por isso, no inconsciente, a facilidade para a versificação (*O livro dos médiuns*, nº 223:20). Naturalmente, os espíritos procuram facilitar o campo de trabalho, escolhendo os médiuns que lhes permitam a transmissão do ditado. Advirta-se, porém, que não devemos confundir dificuldade com impossibilidade (veja *O livro dos médiuns*, nº 223:18-19).

6. Elogios a um médium – "Mais de uma vez tivemos motivo de deplorar elogios que dispensamos a alguns médiuns, com o intuito de animá-los" (*O livro dos médiuns*, nº 228).

14. Doutrina e Existência

O mundo atualmente não é mais o do início do século[1], e nem podia ser: um imenso cabedal de conhecimentos foi adquirido pelo homem, novas tecnologias transformaram a vida moderna, e cruzam-se os oceanos com mais facilidade do que se viajava, antigamente, a uma cidade do interior para visitar algum parente ou amigo. Estas coisas abalaram e transtornaram o homem, que ainda não encontrou o ponto de equilíbrio e vive numa luta insana para possuir todas as comodidades, obter todos os bens e facilidades possíveis, conseguir o máximo de lazer e prazer, esquecido de que é um ser restrito e de que só pode realizar e utilizar uma coisa de cada vez, limitado que se encontra pelos sentidos que propiciam a percepção das coisas. É o consumismo do mundo moderno: as pessoas querem fazer tudo, querem ter tudo, e, muitas vezes, paradoxalmente, desde que desejam aliar o máximo de segurança no que realizam com o máximo de aventura, arriscando a própria vida. Como se vê, não percorreram elas o caminho do meio, o meio termo justo, que, de Buda a Aristóteles, é um processo recomendável para que o homem possa dirigir-se na vida material e espiritual.

Aliás, essa é uma faceta da doutrina espírita a que não é dada a devida atenção: ela se coloca como um caminho mediano entre os rigores e prédicas de um exagerado ascetismo e o ritualismo das religiões organizadas. O conceito de religião decorrente dessas organizações se constituiu na dificuldade que encontrou Allan Kardec, o nobre pioneiro, para qualificar o espiritismo, no início dos seus trabalhos, como sendo uma religião[2]. E, na prática, é esta a dificuldade que muitos adeptos encontram para viver o espiritismo. Já aí se vê uma expressão que nos deve chamar a atenção: 'viver o espiritismo'. A prática do espiritismo não pode ser algo rotineiro, como a própria vida não deve sê-lo. Quando esta se torna rotineira, repetitiva, perde seu sabor, tornando-se mesmo insuportável. É a vida que muitos levam: "vivem por viver" e, para saírem da rotina, entregam-se a aventuras romanescas, nas quais colocam a vida em perigo sem outro objetivo que fugir do ramerrão, embora não o consigam porque as 'fugas' se tornam uma nova espécie de rotina.

A doutrina espírita não se compadece com a rotina, nem pode ser rotina, o que não quer dizer que seja "aventura". Aliás, a vida já é uma grande aventura, e não há necessidade de aumentar os riscos nela contidos para o exercício do crescimento psicológico e espiritual. Viver o espiritismo não significa apenas envolver-se com uma de suas práticas, sejam doutrinárias, mediúnicas ou assistenciais: mais que isto, é perfilhar, em cada momento, uma atitude realmente cristã nos meios utilizados e nos objetivos perseguidos. Não basta dedicar-se a obras assistenciais, doar grandes quantias na obra da caridade material, quando não se tem nenhuma consideração para com o próximo, nem respeito à família, nem consideração para com os subordinados, ou quando se mantém atitude de subserviência para com os superiores hierárquicos nos órgãos públicos ou na empresa privada com a finalidade de 'subir na vida'. Como registrou Kardec, a caridade material é a mais fácil de todas[3]: sempre é possível desfazer-se de um pouco dos excessos monetários, guardando a maior parte para proveito pessoal. Sequer indagamos se os bens que conseguimos recolher durante a vida não foram colocados por Deus em nossas mãos como um empréstimo, cujo pagamento deve ser realizado aos que se encontrem em dificuldade.

Existe uma série de virtudes a serem adquiridas, que dão o sentido real da vida, retratam seu verdadeiro significado, fazem pesar as atitudes e encaminham o indivíduo para seu destino. Kardec deu-lhes muita ênfase, procurando-as viver com seu exemplo magnânimo: humildade, paciência, misericórdia, brandura, perdão. Estas e outras são os ingredientes do amor e da verdadeira caridade, mesmo no seu aspecto material. O egoísmo, o orgulho, a ambição, a vaidade etc. constituem manchas que enodoam o caráter de qualquer pessoa, e o fato de dedicar algum dinheiro ou um momento para o serviço assistencial não apaga estas máculas. Com certeza, o serviço prestado ao próximo, em qualquer condição ou situação, constitui-se em uma bênção, sempre bem-vinda, não há dúvida. Não é, porém, o bastante: é a conclusão a que se chega quando se encara o fato pelo prisma e valores da doutrina, com a obrigação, portanto, de exemplificar seus ensinamentos.

O caminho do meio é sempre recomendável. Não adianta o indivíduo desfazer-se de todos os bens, distribui-los e depois se tornar um pedinte a viver da caridade alheia. Meio termo em tudo. Se é reprovável que guarde os bens só para utilização em proveito próprio, sê-lo-ia, do mesmo modo, se deles se desfizesse só para demonstrar desprendimento, quando lhe foram encaminhados para que empregasse, com mais inteligência, em benefício de um maior número de pessoas, abrindo-lhes oportunidades de emprego, de aprendizagem em escolas ou apaziguando a fome de muitos. Naturalmente, alguém pode sentir-se convocado a desfazer-se de bens em favor de uma obra, pode preferir não reter nenhum bem consigo, manter durante toda a existência uma vida simples, e isto é também uma atitude nobre, porque não é possível criar regras gerais para os comportamentos de indivíduos tão díspares entre si pelas necessidades criadas pelo passado e até pelo futuro. Como registrou Allan Kardec, muitas provas a que é submetido o indivíduo nada têm com seu pretérito, destinando-se a prepará-lo para futuras missões em novas existências. A questão aí já não é de vidas passadas, mas de vidas futuras[4], e isto foge à possibilidade de prognósticos por parte de terceiros, porquanto a alma sente em si o chamado como sendo seu destino.

Quero dizer que nem todos são convocados a realizar a mesma tarefa, a seguir um caminho idêntico, dedicarem-se a empreendimentos semelhantes. Não existe uma atividade única a autenticar a adesão ao espiritismo. Não, de modo algum. Por mais respeitáveis sejam as opiniões, devemos ter comedimento em certas assertivas. Se todos os indivíduos se dedicassem a abrir orfanatos, hospitais, creches etc., quem haveria de dedicar-se ao desenvolvimento da ciência, realizar as descobertas que não só aproximam o homem, mas lhe aliviam os sofrimentos, curam-lhe os males, aumentam a produtividade dos alimentos que possibilitam a erradicação da fome? Ter-se-ia que viver no passado, sem avançar com o progresso? E as grandes obras não são possíveis apenas pelo trabalho dos pioneiros da ciência? E a filosofia não leva o homem a refletir sobre seu destino, não abre margem para a consideração de sua origem e a ética do viver? A filosofia não é em si uma arte do pensar, e pode viver-se corretamente sem aprender a pensar com correção? Creches, hospitais e orfanatos, por exemplo, não são, algumas vezes, apenas remendos incompletos à própria miséria do homem, a seu egoísmo? Se existisse realmente amor nas criaturas, haveria crianças abandonadas, pais obrigados a entregar seus filhos para que outros deles cuidem, hospitais superlotados porque não tiveram os indivíduos alimentação suficiente para manter a saúde ou porque não souberam dosá-la e se entregaram a todos os desmandos e extravagâncias possíveis? Ensinar a viver é uma tarefa das mais proveitosas e importantes, e é esta uma função do espiritismo, que não veio substituir nenhuma religião, mas constitui-se ele próprio uma via para os que já lhe puderem acolher os ensinamentos, ajudando-os a despertar e a entender a necessidade de participação na obra coletiva de recuperação do ser humano. Afinal, as grandes ou pequenas obras assistenciais, a caridade individual ou coletiva, sempre são produtos, quando sinceras, de uma mudança na concepção de vida do indivíduo, disto não há dúvida. Torna-se indispensável que esta concepção seja amadurecida e se conforme aos ideais da doutrina entre os adeptos que a acolhem. Nisto temos realmente de ter cuidado para que a doutrina seja bem compreendida, evitando dar guarida em seu seio a uma série de ideias e práticas extravagantes que nada têm a ver com o espiritismo, por mais respeitáveis que sejam. E pode o estudioso ter orientação precisa sem o conhecimento da filosofia espírita? A prática mediúnica e as consequências moral e religiosa do espiritismo, reconhecem todos, derivam da sua essência filosófica, e dúvida não deve haver que as distorções existentes neste campo nela se refletirão, tanto como os acertos. Necessário se faz, portanto, quando nos referimos à doutrina, pensarmos no caminho mediano que ela traça, no balanceamento dos seus aspectos. Não há necessidade de que todos tenham comportamento e atividade idêntica, busquem os mesmos objetivos imediatos: tem-se de levar em conta a personalidade de cada um, os compromissos assumidos etc. O que tem caráter genérico é a compreensão de Deus, a busca do divino na vida humana e a constância ética na existência, de modo que retrate realmente a vida do homem de bem, do homem espírita[5], que Allan Kardec traçou, com tanta precisão, em *O evangelho segundo o espiritismo*. O velho ditado continua a sintetizar a sabedoria da vida (*in media virtus* – no meio está a virtude), e o espiritismo não poderia afastar-se dela. Seria um engano concluir que, por ser espírita, não deve o indivíduo dedicar-se ao trabalho da ciência ou da filosofia. A verdadeira caridade pode ser realizada em qualquer parte.

NOTAS

1. Século XX – A mensagem foi recepcionada em 21.01.2000.

2. Religião – Kardec negou inicialmente ao espiritismo o caráter de uma religião, embora entendendo que lhe tocava as bases. A rejeição dizia respeito à concepção de religião vigente. Finalmente, em 1868, conceituando a religião à luz da filosofia, reconheceu-lhe a natureza religiosa: "um laço que religa os homens numa comunidade de sentimentos, em princípios e crenças", laço este essencialmente moral (*Revista Espírita*, dezembro de 1868, p. 356–357). Discute-se se teria Kardec utilizado a expressão 'consequências religiosas' como subtítulo em escrito recolhido por Leymarie em *Obras póstumas*, ou se teria sido a expressão colocada por iniciativa desse. No entanto, podemos encontrar referências claras ao caráter religioso do espiritismo na obra de Kardec. Ele utilizou a expressão 'consequências religiosas' no capítulo "Respostas aos detratores", recolhido em *Obras póstumas*. No "3º diálogo" do livro *O que é o espiritismo*, publicado em 1859, Kardec já se referia às consequências religiosas do espiritismo. Em 1865, na *Revista Espírita* de outubro, empregou ele a expressão 'princípios do espiritismo filosófico, moral e religiosos', no capítulo "Irmãos Davenport" (p. 306). Sobre o assunto, veja os comentários exarados em nota ao livro *Espiritismo em movimento* (Salvador, Circulus, 1999, pp. 290-292, 349).

3. Caridade material – "... a esmola dada aos pobres é a mais fácil de todas" – "A paciência" (Um espírito amigo) – *in O evangelho segundo o espiritismo*, cap. IX, nº 7.

4. Provas antecipadas – Na resposta à questão de nº 399 de *O livro dos espíritos*, lê-se que "as provas por que passa o espírito o são, tanto pelo que respeita ao passado, quanto pelo que toca ao futuro". Em *O evangelho segundo o espiritismo*, cap. V, nº 8, escreve Kardec que "as tribulações, portanto, são, ao mesmo tempo, expiações do passado, que recebe nelas o merecido castigo, e provas com relação ao futuro, que elas preparam."

5. Homem de bem – "O homem de bem" e "Os bons espíritas" *in O evangelho segundo o espiritismo*, cap. XVII, nº 4.

15. Globalização e Espiritismo

Um dos aspectos que mais se acentuam na vida contemporânea é o da globalização, e, devido a isto, a cada dia, é alvo de elogios e críticas de economistas, de jornalistas e do povo, de modo que, para uns, parece representar o céu e, para outros, um monstro. Naturalmente, este fenômeno que hoje ataca com firmeza a economia não tem nada de novo; pelo contrário, é bem antigo. Determinadas fases por que passam os povos em seu desenvolvimento podem parecer novidades quando se as vê de uma determinada perspectiva ou não se tem os olhos voltados para a história. Um retrospecto, porém, nos demonstra que a tendência natural do homem é para globalizar os mais diversos aspectos da vida na Terra. As próprias guerras representam, muitas vezes, um esforço distorcido de globalização por meio das conquistas territoriais.

Examinemos a questão. A formação do império romano que se contrapunha às cidades-estados gregas representou um grande esforço para globalizar o mundo, enquanto as legiões romanas se espalhavam pela Europa, pela África, pela Ásia. Antes, tivemos as conquistas de Alexandre, abortadas com sua morte prematura, e a divisão do império por seus generais. Os assírios haviam empreendido uma tentativa no mesmo sentido. O império romano constituiu-se na primeira grande experiência, em larga escala, de unir todos os povos, embora que sob a hegemonia de Roma. Na economia, a moeda no mundo antigo foi condicionada a este processo de globalização: determinadas moedas eram aceitas por toda parte, facilitando a aquisição de mercadorias. Aliás, não foi esta a razão determinante do próprio surgimento da moeda como valor representativo de trabalho e bens?

Se olharmos para o terreno linguístico, percebemos que, contrariando a história bíblica da Torre de Babel ou tentando resgatá-la, os povos sempre procuraram por uma língua universal que lhes facilitasse a comunicação. E quem diz comunicação diz comunhão, porque o primeiro grande passo para esta é que os indivíduos possam entenderem-se. Tivemos diversas experiências no curso do tempo com o aramaico, o grego e o latim, na Antiguidade e na época medieval; durante muito tempo, o francês foi uma língua de comunicação entre os povos, porém o inglês logo assumiu esta função, talvez pela facilidade apresentada por sua gramática, apesar das dificuldades da pronúncia. E não podemos esquecer que o ideal de uma linguagem internacional encontra no mundo contemporâneo a proposta do esperanto como segunda língua dos povos, com caráter supranacional.

No terreno religioso, esses esforços, embora na maioria das vezes mal dirigidos, apontam justamente para o mesmo fenômeno. Se bem que o império romano, inicialmente, não impusesse sua crença aos povos conquistados, em breve o culto ao imperador passou a adquirir um sentido de universalidade, que poderia sujeitar quem dele discordasse à morte. Mais tarde, Constantino, hábil general e não menor político, compreendeu que seria bom, para argamassar as bases do império, que corria o risco de esfacelar-se na disputa entre 'césares' e 'augustos' – títulos que recobriam a ganância dos generais das tropas romanas –, a existência de uma religião que dominasse todo o império como forma de manter unidos os mais distintos povos conquistados. A conferição da cidadania romana a povos de origens diversas, fora do Lácio, e até a cidadãos comuns, ainda que por meio da compra do título, se representava entrada de dinheiro para os cofres públicos, constituía-se em difusão dos princípios romanos e da importância de manterem-se sobre o comando das mesmas leis.[1]

A história nos mostra a revivescência de interesses nacionais, locais, contrapondo-se a esse esforço de globalização, mas logo, outra vez, a corrente retoma o leito, e assim vamos encontrar as cidades-estados italianas a abrirem as portas ao comércio e às finanças, a ruptura dos feudos do medievo, dando lugar à hegemonia dos reinados, e, no mundo contemporâneo, a concretização do ideal napoleônico de uma Europa unida, mas em termos civilizados, pelo livre consentimento, com o respeito às peculiaridades de cada povo, e não pela força das armas. A formação de mercados de livre comércio aponta na mesma direção – o do interesse da comunidade internacional.

O aparecimento da imprensa foi outro motivo que permitiu a sequência da globalização do conhecimento, tornando-o popular, isto é, capaz de fazê-lo chegar ao cidadão comum, ao homem pobre, possibilitando sua transferência entre os povos de uma maneira mais rápida e igualitária. A criação de extensas bibliotecas por toda parte foi uma consequência natural da invenção de Gutenberg, que se alista assim como um dos grandes benfeitores da humanidade, sem dúvida nenhuma.

A verdadeira globalização não pode constituir um simples amálgama de nações, ainda que diferentes em suas características de costumes, músicas, raça etc. Estas peculiaridades, embora muito importantes para a constituição de cada uma das nações, diluem-se na medida que a comunicação aumenta e as distâncias se encurtam como consequência da velocidade alcançada pelos transportes. Percebe-se tal fenômeno particularmente no Brasil, que apresenta uma nota bem característica de globalização das raças: no plano legal, porque as constituições, passada a mancha negra da escravidão, têm procurado assegurar a todos os cidadãos, nacionais e estrangeiros, a igualdade dos direitos; no plano social, os imigrantes vão sendo enlaçados pelo natural caráter aglutinador do povo brasileiro, não se restringindo os contatos à produção e ao comércio: famílias 'híbridas' são constituídas, desfazendo-se as marcas de um nacionalismo mais ferrenho e do tradicionalismo.

O espiritismo encontra-se bem dentro desse contexto. Kardec advertiu que, se fossem destruídos todos os livros espíritas, mesmo assim seria impossível impedir sua marcha, porque os espíritos sempre encontrariam médiuns nos mais diversos países e reconstituiriam os ensinos com a mesma facilidade. De certo, aliás, esta é uma das características da própria doutrina: a globalização doutrinária. Não erigiu o mestre lionês o controle universal como sendo um critério de aceitação dos princípios doutrinários, ou seja, não recomendou que os ensinos, para a formação da doutrina, deveriam sempre se submeter ao critério da universalidade: médiuns de diferentes países, desconhecidos uns dos outros, veiculariam os mesmos princípios, as mesmas lições, semelhantes no conteúdo, ainda quando não na forma?

O espiritismo não surgiu como movimento filosófico ou religioso de um determinado país e não responderia apenas às necessidades de um determinado povo. Desde o início, pelas suas características, ele se mostrou universalizador. Os fenômenos de Hydesville não ficaram confinados à família Fox e nem aos Estados Unidos; em breve se encontravam na Inglaterra, para onde Home retornou e onde a senhora Britten passou a divulgar, com suas conferências, a nova filosofia. Mas não só ali. A Alemanha e a França estavam, ao mesmo tempo, realizando suas experiências e recebendo comunicados idênticos. A onda realmente se espalhou, determinando o surgimento de núcleos espíritas em várias partes do globo. Os obstáculos criados ao desenvolvimento do espiritismo, quer pelas religiões organizadas, quer pelos governos, e a desmoralização promovida por médiuns mistificadores não puderam atingir a força proveniente do mundo espiritual, e se tivemos momentos de quase paralisação do movimento, verificamos que os espíritos encontraram novos meios de manter acesa a ideia, irrompendo no campo da ciência pela área da metapsíquica de Richet, da ciência psíquica de Crookes e pelo reforço dado com a parapsicologia de Rhine. Naturalmente que sua marcha não poderia ser tão veloz quanto os sonhadores e utopistas desejariam, porque o espiritismo contraria interesses básicos de muitas organizações religiosas. Mas isto é outro assunto; o que queremos destacar aqui é o aspecto de globalização do espiritismo, que não depende de qualquer instituição e é próprio da doutrina, que se espraia pelo mundo apesar das características particulares de cada povo: não se pode apagar, de uma hora para outra, essas diferenças culturais (e nem sempre é bom que isto ocorra), nem se pode esquecer que as necessidades primárias de cada um são bem diferentes, devendo o movimento espírita adaptar-se ao respondê-las, como é muito natural. Os princípios doutrinários é que são universais.

Este sentido da globalização que a economia hoje revela já tinha sido destacado anteriormente por Kardec quer no *Livro dos espíritos* quer no *Evangelho segundo o espiritismo*[2]. Embora as suas características negativas estejam bem acentuadas atualmente pelo domínio que os conglomerados econômico-financeiros procuram exercer sobre a vida dos povos, não há dúvida que, tornando-se o mundo menor com a velocidade dos transportes, da comunicação pelo rádio, pelo cinema, pelo telégrafo, pelo computador, a consequência natural é percebermos que as limitações geográficas já não os definem muito bem: são apenas linhas imaginárias que dividem os países. Alargar-se-á então o sentido de fraternidade, de cooperação, de solidariedade, acima das características regionais, com a atuação de organizações não-governamentais – as ONGs – a exercerem cada vez mais fiscalização sobre as atividades dos governos e grupos financeiros, defendendo a natureza e interesses outros de ordem coletiva. E não é verdade que a natureza é um patrimônio mundial, que os abalos ocorridos em um país, como o desmatamento, queimadas, produção excessiva de gás carbônico pelas indústrias, alimentadas pelo consumo, e gases outros, como o CFC[3], que afeta a camada ozônica da Terra, são problemas que não se restringem, em seus efeitos, a um país, mas estão a afetar a vida de todos os povos?

Os aspectos negativos da globalização, gerados com a infiltração do poder dos grupos econômicos sobre os governos, sobretudo de países mais pobres, com o desmantelamento causado na economia em busca de maiores lucros, precisam ser combatidos e não podem se perpetuar. Mas a globalização é um fenômeno social, que naturalmente não pode ser excluído da economia. Aliás, Kardec anotou esta parte quando destacou que a produção dos países precisaria submeter-se ao regime de trocas, socorrendo-se os povos uns aos outros, porque determinados fenômenos climáticos poderiam fazer com que produtos escasseassem numa região enquanto em outra estivessem a abundar. O isolacionismo, aliás, é prejudicial em todos os pontos. Não existe uma ciência particular a um país, ela não se submete a restrições geográficas, e embora os governos ainda procurem controlar o produto do esforço coletivo, movidos por questões de segurança em certas áreas, não resta dúvida que a ciência se burla de determinados controles. Durante muito tempo, o Estados Unidos, por meio do serviço secreto, de denúncias, de processos criminais e da cadeira elétrica, procurou evitar que o segredo ligado à bomba atômica chegasse ao inimigo potencial de pós-guerra, representado pelos países comunistas, mas logo pôde perceber que outros, sem a utilização dos recursos da espionagem, puderam alcançá-lo com o concurso de seus cientistas, embora fosse muito mais útil à humanidade se tivesse sido esquecido.

Se recorrermos ao Evangelho de Jesus, podemos observar que o espiritismo está marchando no caminho certo, ou melhor, que ele representa este caminho de universalização: "um só rebanho para um só Pastor". Isto não deve fazer com que as mentes ainda não acostumadas à liberdade comecem a pensar no espiritismo como a única religião. Não, nem para isto aponta a célebre sentença do Mestre. De modo algum, a universalização religiosa não virá por meio da submissão a uma organização, seja papal ou de outra espécie, a um domínio individual ou coletivo. Aqui se trata da universalização dos princípios, das regras morais, da difusão das ideias mestras, que devem conduzir a vida dos povos e que se encontram sintetizadas no Sermão do Monte. Esta tarefa de difundir a mensagem é que os espíritos tomaram a seu cargo, porque, não estando sujeitos a restrições alfandegárias, ao controle dos órgãos de imigração ou de qualquer outra espécie, poderiam ir além das barreiras geográficas e culturais, influenciando as ideias, universalizando o conhecimento espiritual. E não vemos que muitas verdades elaboradas durante milênios pelos sumerianos, assírios e babilônios, hindus, egípcios, judeus, gregos, romanos, aportaram ao espiritismo por via mediúnica, espalhando-se rapidamente por todas as regiões? Veicular o pensamento cristão independentemente de organizações religiosas, manter os princípios de fraternidade, igualdade e liberdade na vida individual e comunitária, qualquer que seja seu departamento, de modo que, ainda na economia, como, aliás, assinalou Kardec, se leve em conta a moral,[4] geralmente dela afastada e abolida, é a tarefa ingente da doutrina num mundo em globalização.

NOTAS

1. Cidadania romana – Em realidade, tratou-se de um golpe político-econômico do imperador Caracala (Bassiano, filho de Séptimo Severo), inspirado talvez pelos jurisconsultos sírios, em face da crise econômica que se abatera sob o Império: ele estendeu, por meio da *Constitutio Antoniniana* (212 d.C.), o título de cidadão romano a todos os cidadãos livres do Império, tornando-os assim contribuintes de impostos, que anteriormente só eram pagos pelos itálicos (veja Waldir Freitas Oliveira – *Antiguidade tardia*. São Paulo, Ática, 1990).

2. Globalização – Ao examinar o problema da riqueza e as dificuldades decorrentes do desequilíbrio entre a produção e o consumo, escreve Kardec, em *O evangelho segundo o espiritismo*, cap. XVI, nº 7:

Se a produção de um país é insuficiente, será necessário buscá-la fora. Por isso mesmo, as relações entre os povos constituem uma necessidade. A fim de mais as facilitar, cumpre sejam destruídos os obstáculos materiais que os separam e tornadas mais rápidas as comunicações.

3. CFC – Abreviatura de clorofluorcarboneto.

4. Elemento moral na economia – Escreve Kardec em nota ao item nº 685 de *O livro dos espíritos*:

> Há um elemento, que se não costuma fazer pesar na balança e sem o qual a ciência econômica não é mais que uma teoria: é a *educação*; não a educação intelectual, mas a educação moral; não ainda a educação moral pelos livros, mas a que consiste na *arte de formar caracteres*, a que *cria os hábitos*, porquanto *a educação é o conjunto de hábitos adquiridos*.

Segundo Kardec, isto se torna indispensável para criar "*hábitos de ordem e previdência*" nos indivíduos. E, em nota ao item de nº 917, acrescenta que "a educação, convenientemente entendida, constitui a chave do progresso moral".

Já na primeira edição de *O espiritismo e os problemas humanos* (Rio de Janeiro, Gráfica Mundo Espírita, 1948), Deolindo Amorim destacava que tais ideias foram incluídas no ideário político de um pensador como Francisco Nitti, no livro *A democracia* (1937), o qual, de modo peremptório, no período que antecedeu à Segunda Guerra Mundial, escreveu: "Constituições, leis, sistemas eleitorais, parlamentos, apesar de terem grande importância, valem muito menos que a concepção moral da vida. Não basta proclamar a igualdade civil e política, se nos costumes não existe igualdade" (p. 155). E mais: "Nenhuma transformação de índole econômica pode modificar o presente estado de insegurança e instabilidade, se não é acompanhada de transformações de caráter moral", embora reconhecendo que "(...) existem vários fatores, de ordem econômica, capazes de contribuir na criação de um meio mais apto ao desenvolvimento de uma moral superior" (p. 176). No cap. XXXVI (p. 177-180), Deolindo acentuou, de maneira expressiva, o pensamento da doutrina no que se refere à importância do fundamento ético na ordem social. Émile Durkheim informa-nos sobre as relações da ética com a economia, em 1887, comentando a situação da moral na Alemanha (*Ética e sociologia da moral*. São Paulo, Landy, 2003). No Brasil, o professor Papaterra Limongi, em sua *Economia política*, defendeu a interferência da moral no campo econômico.

16. Civilização

Não há dúvida que atingimos, no mundo contemporâneo, um certo grau de desenvolvimento por força do aperfeiçoamento tecnológico decorrente do avanço científico, ele próprio a exigir alta tecnologia para a comprovação das teorias. Muita gente, destarte, se ilude e pensa que a civilização chegou a uma situação de irreversibilidade. Não é bem assim, porque o crescimento tecnológico, fruto do apuro intelectual, não traz consigo a garantia real de verdadeira civilização: o instrumental desenvolvido pelo homem no setor de armamentos pode levá-lo a um atraso fenomenal no tempo, se vierem a ser utilizados maciçamente. Este é um risco que correm as sociedades e do qual todos os países devem procurar afastar-se.

Uma verdadeira civilização não é apenas produto do desenvolvimento científico e, muito menos, do tecnológico. A fabricação de bens em escala industrial, a criação de uma série de aparelhos que facilitam a execução das tarefas etc., se, por um lado, representam conquistas que aliviam o homem de maior esforço físico, libertando-o para investidas intelectuais, com aumento da disponibilidade do tempo, por outro criam graves problemas sociais que se acentuam a cada passo, como o desemprego, a superpopulação das megalópoles, as cidades com infraestruturas básicas deficientes etc. A sociedade contemporânea aprendeu a dar soluções a muitos problemas, entretanto colocou o trabalhador sem opção de trabalho e deixou por fazer obras necessárias ao bem-estar social, por falta do necessário investimento, seja devido à falta de recursos econômicos ou da vontade dos governantes de responsabilizar-se pelo bem-estar das classes mais desfavorecidas no contexto social. Os progressos realizados no campo científico e propriamente tecnológico não bastam para libertar o homem.

Em realidade, como advertiram os espíritos, uma verdadeira civilização só ocorre com o aperfeiçoamento moral[1]. Esta afirmação deve fazer-nos refletir com mais cuidado, porque a referência feita não se reduz ao aperfeiçoamento apenas de um indivíduo nem de um grupo, mas à sociedade em si, e não se deve confundi-lo com uma modificação de costumes sociais ou de boas maneiras: ele diz respeito ao encaminhamento da civilização no rumo das normas editadas no Sermão da Montanha, que devem servir de paradigma básico para avaliar-se não somente o desenvolvimento individual, mas também o de um país. Podemos dizer assim que mais civilizado é um povo quanto mais as suas leis e a moral predominante em seu seio se inspiram naquelas regras, e menos civilizado quanto mais delas se afastam.

Não é suficiente que normas emanadas dos parlamentos se conformem com aquele ideal, o que já seria muito, há de reconhecer-se, pois infelizmente o que vemos ainda é predominar, na confecção dos diplomas legais, a lei do mais forte[2], agora não só dos que conduzem os exércitos, mas dos que possuem a direção da economia, dos mais ricos, afinal. É preciso que as regras do Sermão do Monte passem a ser uma segunda natureza em cada cidadão. A adoção de certas providências legais pelo governo, embora possa ajudar na educação do povo, se forem elas cumpridas e executadas sem discriminação, não resolve por si só. Leis apenas não são suficientes, não se reformam relações sociais somente com sua edição, não se extingue a violência por torná-las mais rigorosas, como advertiram os espíritos[3]. De modo algum; a repressão não pode aprimorar caracteres deformados. Tornou-se lugar comum indicar a impunidade como um dos fatores aliciadores da criminalidade, e não há qualquer dúvida sobre isto, porque certos indivíduos são impulsionados a praticar ou a repetir atos violadores das leis penais, quando percebem a inércia do poder judicial, resultante de seu desaparelhamento e do aumento do número de processos, tudo a comprometer seu desempenho. Mas a impunidade que mais alicia e revolta é exatamente a derivada da discriminação: os ricos nunca encontram as portas da prisão, ainda que sejam mais responsáveis porque beneficiados com maiores níveis de escolaridade e vantagens outras que os pobres nunca desfrutaram. O aperfeiçoamento moral, resultado de uma verdadeira educação, proveniente da aquisição de hábitos novos, da formação de caracteres sadios, conduzindo o homem à espiritualização da vida, será o fator decisivo para expelir do seio dos povos a violência, a impunidade, o desnivelamento social, os guetos etc. etc.

O desenvolvimento intelectual e o desenvolvimento científico e tecnológico revelaram-se insuficientes para transformar os homens em seres melhores: o milagre científico dos séculos XIX e XX não foi capaz de dissolver as nuvens negras do totalitarismo, fruto das ambições desmedidas, nem a ameaça de volta à barbárie, consequência natural da predominância do egoísmo no homem. O desenvolvimento do sentimento humano tornou-se a pedra de toque decisiva para acentuação de novos rumos que reequilibrem os homens, repondo-os na busca de seu destino. Que adianta avançar muito em tecnologia, criar uma série de artefatos que diminuam o esforço do homem, se estes benefícios não atingem a todas camadas sociais e até se presta à exclusão, piorando-lhes a situação, quando se vê o homem a braços com o desemprego? O aumento dos níveis de produtividade das fábricas, com a introdução de novas máquinas, determinou a criação de estímulos psicológicos para o consumo, acelerou o gosto por produtos que a revolução industrial produziu. Passada a fase inicial do assentamento das grandes indústrias, o aperfeiçoamento da tecnologia dos computadores e dos robôs está gerando uma crise no setor social com o aumento do desemprego, sem que a sociedade tenha conseguido resolver até agora a contradição entre o menor apelo ao esforço humano e a mesa sem pão. O trabalhador, por sua vez, não sabe o que fazer do tempo livre, mesmo quando empregado, despendendo energia na satisfação de necessidades artificiais, transformando-se em ser manipulável pelo consumismo nos shoppings ou pela indústria do lazer. Com isto se esvai a cultura, desaparece o gosto pela leitura, pelos estudos e predomina a civilização do espetáculo. Não somos contra o divertimento, é claro, mas quando este se transforma em indústria, incentivando o indivíduo que ainda não obteve o alimento indispensável para sobreviver nem um teto para morar, a mergulhar na mesma correnteza, sem dúvida existe alguma coisa errada, pois os resultados, como todos podem ver, não têm sido dos melhores.

A prédica moral e a repetição das lições dos grandes seres que encarnaram em todos os povos da humanidade, inclusive dos ensinamentos do amado Nazareno, não podem solver o débito gerado pelo atraso moral do homem. O aperfeiçoamento moral não ocorre sem que a vontade se torne firme na busca do objetivo. Eis o grande mal: não se educam mais os jovens a desenvolverem a vontade senão na direção de atingir níveis econômicos mais altos, que propiciam exatamente efeitos contrários: o amolecimento da vontade, com o aumento das possibilidades de riqueza, conduz a uma corrida por lazeres que propiciem mais e mais prazer. O processo educativo desviou-se ao valorizar o sucesso no campo econômico como modo de aferir o valor do indivíduo. Satisfazem-se as pessoas atualmente com a aquisição de um diploma, sem saberem se terão oportunidade de utilizá-lo e, o que é pior, se saberão fazê-lo com dignidade. Se a moral encontra-se ausente da educação nos vários níveis de instrução, como aguardar que, depois de diplomadas, possam elas portarem-se de acordo com a ética exigida pela profissão? Será possível aprendê-la por simbiose ao entrar num corpo profissional? Será que o desenvolvimento intelectual gera o desenvolvimento moral? Não vemos todos os dias exemplos exatamente contrários? Quando se perde a oportunidade de incutir nos jovens a normatividade ética, ensinando-lhes o correto procedimento moral, o que se há de esperar da multidão de graduados que as escolas de ensino superior despejam todos os anos no mercado de trabalho, já por si estreito e estimulador da concorrência a mais feroz?

Não há necessidade de pessimismo. O que quero dizer, acentuando uma verdade que se está tornando óbvia a todos, mas que nem por isso mesmo deve deixar de repetir-se, é que não basta o desenvolvimento intelectual para medir o nível de civilização, porque povos tecnologicamente adiantados podem tornar-se altamente destrutivos. E isto ocorre por falta de educação moral. Quem deflagra as guerras, as revoluções, quem abusa do poder econômico, quem aniquila as oportunidades de vida de grande parte dos cidadãos senão os que detêm o poder? Não seria justo perguntar por que isto ocorre? Não terá faltado educação moral aos líderes do povo, não são eles que, falando muitas vezes em nome deste, incutem-lhe desejos mal-sãos, a ilusão do poder, o fanatismo religioso, a ideia de superioridade de raça, e, no fundo de tudo isto, não está a deseducação, os traumas sofridos na infância, as perseguições porque passaram e não foram superadas, mas apenas abafadas, de modo que, em determinado momento, conquistado o poder, explodem em atos desumanos de vandalismo etc.? Não está na deseducação do povo a origem dos "alaricos" e "gengiscans", "lampiões", "hitleres" e "stalins"?

Finalizando, portanto, podemos dizer: enquanto o homem não se dedicar realmente à educação dos membros da sociedade, enquanto confundir educação formal e informação com a educação substancial, isto é, educação moral, a humanidade manter-se-á num beco sem saída, ou melhor, continuará presa pelos próprios grilhões que criou, embora tenha a chave para abrir a porta que a libertará. O espiritismo tem um papel inconfundível nesta tarefa, na medida que a comprovação da sobrevivência, seus princípios, suas ideias, forem tornando-se lugar comum nas crenças da humanidade, pois, juntamente com os princípios teóricos, surgirão noções mais claras da responsabilidade na condução da existência: a responsabilidade individual pelos atos, pela vida do próximo e pela natureza, e a responsabilidade coletiva e social. As ideias espíritas, sem embargo das muitas dificuldades, tornar-se-ão substrato das crenças dos povos e, ultrapassando os particularismos das distintas religiões, servirão de ponto de união entre todas. Pelo menos, é o que se deve esperar para que o mundo alcance seu destino.

NOTAS

1. **Verdadeira civilização** – *O livro dos espíritos*, nº 793 e nota.

2. **Lei do mais forte** – *O livro dos espíritos*, nº 795.

3. **Severidade das leis penais** – *O livro dos espíritos*, nº 796.

17. Espiritismo e Ciência

Uma retrospectiva do século xx demonstrar-nos-á, de modo muito claro, o desenvolvimento de vários departamentos da ciência, embora de nenhum deles possa dizer-se que chegou a seu cume, a limites inultrapassáveis. Mesmo a física, cujos resultados são realmente brilhantes, ainda possui um extenso campo de desenvolvimento a exigir soluções conciliadoras, como a de encontrar uma teoria unificadora, uma teoria do Tudo, na qual as várias partes do 'quebra-cabeças' das leis possam ser unificadas. A biologia desponta, há anos, com maravilhosas descobertas, e o programa do genoma humano, quando concluído[1], não será o fim das investigações, mas apenas o começo de um notável desenvolvimento da ciência. A psicologia, se por um lado tem encontrado algumas ideias interessantes como as lançadas por Freud, Adler, Jung, Ferenczi, Melanie Klein, Piaget etc., sem dúvida ainda engatinha, no campo das investigações experimentais, aguardando um desenvolvimento mais amplo, de modo que as teorias possam confluir no sentido da descoberta das realidades do espírito, pois uma psicologia sem alma é apenas um remendo a observar reações cujas causas não podem ser debitadas ao corpo. A matéria não tem emoções, não tem sentimentos, não tem preocupações; as investigações psicossomáticas demonstram, e de maneira evidente, que muitas das patologias analisadas pela medicina possuem um fundo emocional. Há, portanto, para a psicologia, uma grande jornada a percorrer até chegar ao estágio em que se encontram a física e a química e para onde marcha a biologia. E isto ocorre porque a psicologia, como ciência independente da filosofia, é relativamente nova, um produto do século XIX, surgida dos trabalhos experimentais de Wundt[2], com a criação dos primeiros laboratórios.

Essas reflexões tornam-se pertinentes diante das observações de alguns críticos sobre o desenvolvimento científico do espiritismo. Realmente, não se pode negar que este aspecto não tem tido uma sequência comparável ao avanço obtido no campo assistencial. Mas a que se deve isto? No início, com o aparecimento das manifestações por toda a parte, a curiosidade científica foi despertada, apesar da oposição de alguns sábios ter procurado, por todos os meios, alijar os fenômenos mediúnicos para o terreno das superstições, afrontando assim a conclusão das experiências que se acumulavam em todos os grupos sérios. Foi uma época de ouro, sem dúvida, porque sábios da categoria de um Richet, Gibier, Geley, Lombroso, Bozzano, Wallace, Crookes, Schrenck-Notzing, para citar apenas alguns dos mais conhecidos, fizeram investigações detalhadas com médiuns de efeitos físicos, demonstrativas da realidade do fenômeno e da independência dos 'fantasmas' que acorriam às salas, transformadas em laboratórios do futuro. Depois, a oposição organizada contra o novo, como sempre acontece quando este tende a derrubar certos pressupostos e preconceitos em que se firmam os teóricos, casada com o interesse das religiões organizadas, colocou um interregno quase silencioso nessas investigações, até que William McDouglas e Joseph Banks Rhine resolveram retomá-las com novos critérios, a fim de demonstrar estatisticamente a veracidade tão contestada dos fenômenos denominados de extrassensoriais, o que, por si só, serviria de base para incentivar o prosseguimento das investigações quase paralisadas. Não tivemos, dentro do movimento espírita, o mesmo ressurgir das investigações, porque, erroneamente, muitos companheiros concluíram que, estabelecida a realidade do mundo espiritual, nada mais haveria a investigar, e bastaria valer-se dos achados da metapsíquica e da parapsicologia, com a citação de seus trabalhos para que isto fosse considerado ciência espírita. De qualquer modo, o interesse pelas investigações ressurgiu, e, de quando em quando, um fato novo abala a inércia, como ocorreu com o aparecimento da câmara Kirlian e das investigações sobre as vidas passadas – um retorno às pesquisas dos magnetizadores de outrora, agora com finalidade terapêutica.

Não se pode esperar da ciência espírita o mesmo desenvolvimento de outras ciências, porque em realidade ela é apenas uma criança. Embora os fenômenos espíritas sejam tão antigos quanto a humanidade, eles nunca foram tratados cientificamente senão após as observações feitas por Kardec e a sua insistência na realidade dos fenômenos; ele mesmo não pôde dedicar-se com mais afinco a essas pesquisas fenomênicas, porque tinha uma missão a cumprir na constituição da doutrina: o recolhimento dos ensinos dos espíritos, a realização dos trabalhos práticos, a redação dos livros e da *Revista Espírita*, o atendimento da correspondência com particulares e com os grupos em formação etc. Não ficou, porém, à parte da ciência. Seu interesse por ela era indisfarçável, como o demonstra seu canto de cisne – *A gênese*. Infelizmente, não havia tempo para dedicar-se a investigações mais detalhadas no campo exclusivo da ciência espírita, dado a necessidade de desenvolver a parte filosófica e a referente às consequências moral e religiosa. Outra era sua missão.

Nenhum cientista, nenhum gênio, erigiu por si só uma ciência, nem chegou a seu clímax; por que teríamos de esperar que Kardec, deixando as tarefas mais prementes, relacionadas à fixação das bases doutrinárias, pudesse fazê-lo? No entanto, naquilo que é essencial como ponto de partida para a investigação, não há nenhuma dúvida que ele esteve envolvido. O fundamental para a investigação científica é a demonstração, em primeiro lugar, da realidade dos fenômenos e, em seguida, a comprovação da existência do espírito; pois bem, todo seu trabalho não se acha firmado sobre estas bases sem as quais não se poderia falar de espiritismo? Naturalmente, quem assenta as bases do edifício científico não pode colocar-lhe a cúpula: a verdadeira ciência não é um episódio instantâneo, mas seu desenvolvimento se processa no tempo, com a colaboração de muitos investigadores e o desenvolvimento de instrumental adequado etc. Basta observar que, na época de Kardec, apenas começavam a aparecer os médiuns de ectoplasmia[3]. Não podia ele abandonar a tarefa básica para dedicar-se aos estudos complementares. Kardec procurou chamar a atenção para o caráter científico do espiritismo, definindo-o como uma ciência, ainda que destacando o fato de tratar-se de uma ciência do espírito, e não da matéria, porque seu objeto geral e seu objeto especial[4] eram bem outros. Como sabemos, ele procurou, preferencialmente, desenvolver o lado moral da doutrina, porque este correspondia às necessidades mais urgentes do ser humano, e, hoje, percebemos cada vez mais seu acerto num mundo em que a violência cresce como produto direto do egoísmo e da ganância dos que detêm o poder e a riqueza, uma espécie de resposta dos que se veem alijados dos benefícios que o progresso material oferece. Não estou falando aqui de certa criminalidade, digamos assim, patológica, consequência do atraso mental e espiritual de indivíduos inabilitados para qualquer convivência social, verdadeiras aberrações que estariam a dar razão a Lombroso com sua teoria do criminoso nato[5], refiro-me à grande massa de criaturas que não recebem a atenção adequada, a educação exigível, o mínimo de bem-estar indispensável para uma sobrevivência sadia e que assim são impulsionadas, quando os freios inibitórios da personalidade não funcionam, a lançarem-se no mundo da marginalidade. Kardec, ao centrar-se no problema do esclarecimento das leis morais, estava no caminho certo por serem estas uma consequência das bases doutrinárias, da comprovação da sobrevivência dos espíritos e dos ensinos ministrados por eles.

Isso não quer dizer que não se deva desenvolver a ciência espírita ou que tudo que tinha de ser feito já foi realizado. Num mundo em que os valores da ciência são destacados, em que o rótulo de 'científico' confere validade ao conhecimento e aos procedimentos de investigação, é claro que o espiritismo não pode virar-lhe as costas e alienar-se. Seria uma posição misoneísta, que conduziria ao fanatismo, por ser este a consequência do posicionamento dos que se julgam possuidores de toda a verdade. O desenvolvimento da ciência, da filosofia e até da religião é sempre progressivo. Em nenhum campo ou processo de conhecimento, obtém-se a verdade, mesmo parcial, de uma só vez; há um caminhar progressivo que, aos poucos, vai clareando os caminhos. O espiritismo não constitui nenhuma exceção; a característica da progressividade foi sempre destacada por Kardec. Indispensável é o preparo daqueles que desejem dedicar-se ao aspecto científico, porque, apesar do caráter particular da ciência espírita, a exigir procedimentos próprios de investigação, não pode o pesquisador desentender-se das exigências do critério científico, sob a alegação da particularidade do objeto estudado. Há muita gente que gosta de falar em ciência espírita, mas naturalmente não tem o gosto, o preparo, nem a perseverança para tais estudos, e com isto só pode atrapalhar ao invés de ajudar. Estes companheiros devem dedicar-se a outras tarefas, porque o espiritismo oferece um largo campo de trabalho. Como diz o ditado popular, "cada macaco em seu galho". A reunião dos esforços naturalmente marcará o rumo do espiritismo, mas não devemos confundir os planos de trabalho, porque isto em nada beneficiaria. Não quer dizer que o pesquisador dos fenômenos mediúnicos não deva conformar-se ao lado moral da doutrina, como não seria justo que os trabalhadores engajados em outras áreas desconhecessem os resultados do avanço no campo da ciência. Seria tal posicionamento totalmente contrário e prejudicial. Uma coisa é trabalhar no aspecto científico ou filosófico, outra é a prática da moral como exigência da personalidade humana. Na investigação mediúnica, não se pode colocar de lado os valores éticos, indispensáveis para evitar a interferência de espíritos enganadores, que, com sua intromissão, põem a perder experiências importantes e induzem os médiuns à realização de fraudes. Tal exigência, porém, diz respeito não somente ao médium, mas é condição indispensável ao próprio investigador. A prática do espiritismo compromete o espírita com os fundamentos morais da doutrina.

Assim, podemos concluir que o desenvolvimento científico do espiritismo não está encerrado, novos estudos devem ser feitos: realizá-los é mesmo um desafio às novas gerações voltadas para a ciência. Não se pode esquecer, porém, que, em matéria de investigação espírita, a moral prática é indispensável, por constituir-se numa variável nas pesquisas, influindo em seus resultados. O caráter dos indivíduos – médiuns e investigadores – induz à presença ou ao afastamento de certos espíritos, constituindo-se num fator importante para o resultado, porquanto não se pode deixar de levar em conta, em se tratando de experiências espíritas, a categoria do elemento espiritual interveniente. Ainda percorrendo o campo da ciência, não é possível esquecer que a finalidade do espiritismo é conduzir o homem para Deus.

NOTAS

1. Genoma humano – Esta mensagem foi recebida em 4.02.2000, portanto antes do anúncio da conclusão dos trabalhos referentes ao projeto de decodificação do genoma, no início de 2001. Os cientistas, no entanto, ainda discutem sobre possíveis erros existentes no trabalho.

2. Wilhelm Wundt – A respeito de Wundt, escreve Japiassu que lhe coube:

> (...) desempenhar um papel decisivo para a constituição da psicologia experimental. Podemos dizer que lhe cabe o mérito de ter sido o primeiro psicólogo na história da psicologia. Ele é o primeiro em data a ser considerado propriamente psicólogo. Antes dele, havia muitas psicologias, mas não existiam psicólogos. Os precursores de Wundt são médicos, fisiologistas e físicos, só se interessando pela psicologia secundariamente. (*Introdução à epistemologia da psicologia*, São Paulo, Letras & Letras, 1995, p. 32 s.)

Ele tomou por base só admitir fatos como base para a construção da psicologia e chegou a fundar o primeiro laboratório de psicologia, em Leipzig, no ano de 1878 (segundo Simmons em 1879). John Simmons incluiu sua biografia no livro *Os 100 maiores cientistas da história* (3ª ed., Rio de Janeiro, Difel, 2003, pp. 558-562). Anotemos, porém, que James Hillman destaca o papel representado por J. F. Herbart no surgimento da psicologia como disciplina autônoma, escrevendo que "ele é considerado o pai de todos os movimentos da psicologia moderna", tendo publicado seu primeiro *Lehrbuch zur psychologie* em 1816 (*O mito da análise*. São Paulo, Editora Paz e Terra, 1984, pp. 118 s.).

3. Ectoplasmia – Kardec não utiliza o termo ectoplasma, criado posteriormente por Charles Richet (*Tratado de metapsíquica*. 2 vols. São Paulo, Lake, s.d.), mas, ao tratar das manifestações físicas se reporta ao "*fluido vital*, indispensável à produção de todos os fenômenos mediúnicos, apanágio *exclusivo* do encarnado" (*O livro dos médiuns*, nº 96), que não é mais que o ectoplasma, constituinte do duplo etéreo.

4. Objeto especial – As ciências se distinguem pelo seu método e pelo objeto formal, característico de cada ciência. Kardec especificou-o, em A gênese, cap. I, nº 16, ao dizer que "o objeto especial do espiritismo é o conhecimento das leis do princípio espiritual".

5. Criminoso nato – Cesare Lombroso, criador da criminologia, sustentou a existência de um criminoso nato, revelável por meio de determinadas características físicas e psicológicas. Embora estas características não tenham se mostrado seguras na identificação, é indiscutível que alguns criminosos, pela sua insensibilidade ante a vida humana, permitem que se especule sobre indivíduos inatamente voltados para o crime, em face do atraso espiritual e da dificuldade de convivência social. A respeito das ideias de Lombroso, consulte-se Moniz Sodré – *As três escolas penais*. A visão da doutrina espírita pode ser recolhida em Fernando Ortiz – *La filosofia penal de los espiritistas* (Buenos Aires, Editorial Victor Hugo, 1950. Existe tradução: *A filosofia penal dos espíritas; estudo de filosofia jurídica*. São Paulo, LAKE, s.d.) e em Deolindo Amorim – *Espiritismo e criminologia* (Curitiba, Livraria da Federação Espírita do Paraná, 1957. As novas edições estão sendo publicadas pelo Editora Léon Denis). Um estudo do problema criminal à luz do espiritismo foi publicado por Cândido Furtado Maia Neto e Carlos Lenchoff – *Criminalidade, doutrina penal e filosofia espírita; verdadeiro código legal para o bem* (São Paulo, LAKE, 2005).

18. A Vida Futura

Toda doutrina possui determinados pontos centrais a partir dos quais se norteiam as consequências a serem deduzidas. Com o espiritismo não poderia ser diferente: possui ele princípios basilares que demarcam e delimitam o pensamento e a prática. Desprovida de tais fundamentos, uma doutrina estaria desvertebrada, sem possibilidades de sustentação, pois se amoldaria a tudo, sem que tivesse um caráter específico que, afinal, é o que lhe revela a natureza. Em *O evangelho segundo o espiritismo*, Allan Kardec destacou que a 'vida futura' era um *dogma* central do ensino do Cristo, portanto, do espiritismo[1]. É claro que o mestre empregou o termo no sentido de um princípio filosófico, e não com o significado acolhido pelas religiões, pois não estava a propor a sua aceitação sem exame. Pelo contrário, antes mesmo de aceita como princípio, foi objeto de rigorosa verificação. Não houve, portanto, uma decisão apriorística, nenhum pressuposto: a vida futura se apresentou como uma decorrência das próprias investigações experimentais que comprovavam a imortalidade do ser, sua sobrevivência à morte do corpo físico. Não foi, portanto, como um dogma de fé que a destacou Kardec. A parte filosófica da doutrina espírita não decorre de simples asserções, de postulados desprovidos de base experimental: foi esta que proporcionou alicerces firmes para seu desenvolvimento.

Assim, por exemplo, a moral espírita é decorrente dos fatos mediúnicos que comprovam a sobrevivência da alma. Não se trata, pois, de um simples posicionamento filosófico, seu reconhecimento decorre do estudo dos fenômenos mediúnicos, das comunicações dos espíritos, de um modo muito particular. Não é fruto apenas de um ensino, mas da observação sobre as condições existentes no além-túmulo e da situação dos espíritos no seu *habitat*. Foi investigando, observando, recolhendo as comunicações, que Kardec pôde observar a mudança do estado dos espíritos desencarnados: "felizes e gozadores", na Terra, mostravam-se infelizes e sofredores na nova vida, enquanto criaturas anônimas que tinham passado uma vida cheia de dificuldades davam contas de estarem situadas em posições espirituais elevadas, como se um poder divino as conduzisse a compensações automáticas, com as devidas correções[2]. Com tais dados, tornou-se possível estudar as diferentes situações dos espíritos: nem todo indivíduo que fora infeliz na Terra tornava-se feliz num mundo espiritual, e nem sempre eram infelizes os que não haviam sofrido privações. Kardec pôde chegar à conclusão de que, embora o sofrimento fosse um instrumento de aperfeiçoamento, não bastaria a dor, a dificuldade, os contratempos, para que a alma se desligasse dos planos inferiores: a elevação de propósitos, a intenção norteadora dos atos, a aceitação sem revolta das dificuldades, o trabalho em benefício dos outros – pois há sempre alguém mais necessitado a quem se pode ajudar –, o modo mesmo de encarar a vida terrena etc., disto tudo é que decorreria a situação de cada espírito no além-túmulo.

Com isso, já podemos ver porque tomou Kardec a vida futura como um princípio básico. Das observações feitas, algumas consequências podem ser tiradas, tais como:

1) a existência de Deus, porque na vida além-túmulo funciona uma justiça automática que corrige os erros e injustiças da vida terrena, e ela aponta para a existência de um poder maior que a exerce, correspondendo exatamente à ideia que todos nós temos de um Ser que não só é bom como é justo;

2) a situação na vida espiritual depende do modo pelo qual cada um vive na Terra, isto é, do cumprimento de suas tarefas e do dever de fraternidade e solidariedade para com os homens;

3) a inexistência de situações definitivas depois da morte, abrindo margem ao progresso, mesmo no mundo dos espíritos;

4) a relatividade do conhecimento dos espíritos, pois, como ocorre na vida terrena, estão eles situados em posições distintas quanto ao conhecimento, não estando no mesmo grau, quer intelectualmente, quer moralmente;

5) a predominância ética nas ações dos espíritos, correspondendo a uma mais elevada posição espiritual.

Vejamos outro exemplo. Não podemos dizer que a reencarnação[3] seja uma decorrência direta da existência da vida de além-túmulo, porquanto o aperfeiçoamento, o progresso, poderia ocorrer exclusivamente na vida espiritual, mas é um princípio decorrente do ensino dos espíritos, mais justo do ponto de vista filosófico que o princípio da unicidade das existências, e que pode ser comprovado por meio de pesquisas pela investigação das vidas passadas. E a conclusão natural é a de que se os espíritos reencarnam, é porque existe uma outra vida, e que a alma sobrevive à morte do corpo. Podemos ver que Kardec agiu acertadamente ao eleger a vida futura como o ponto central do espiritismo.

"Não ensinam certas doutrinas a existência da vida no além-túmulo?" – poder-se-á perguntar. Sem dúvida, e isto é exatamente o que as insere entre as espiritualistas, porque, como o espiritismo, defendem a ideia da sobrevivência da alma, o que implica na existência de uma vida espiritual. O espiritismo, todavia, deu um passo a mais ao não limitar a vida futura a um posicionamento filosófico ou religioso, decorrente da crença na Divindade[4]. Determinada, de modo experimental, a sobrevivência do espírito por meio da comunicação mediúnica, a vida futura deixou de ser apenas um objeto de crença, um dogma religioso, passando à categoria dos objetos sujeitos à verificação, cuja realidade pode ser comprovada experimentalmente. E, devido a isto, Kardec propôs uma denominação para as novas ideias, precisando melhor o espiritismo como um ramo particular do espiritualismo, justamente na Introdução de *O livro dos espíritos*[5]. A vida futura não seria mais um artigo de fé, capaz de ser refutado por argumentos dos pensadores ateístas, e nem sequer posta em dúvida. Cada interessado poderia realizar suas próprias pesquisas e comprovar pessoalmente não só a existência dos fatos mediúnicos como a de uma causa independente da personalidade do médium, causa esta que se autodenominou de espírito, relatando sua situação e as experiências em uma vida que continuava a que havia tido na Terra.

Como destacou Kardec, isso implica uma mudança total no próprio ponto de vista da vida terrena e, portanto, tem uma influência muito importante no modo pelo qual as pessoas passam a encará-la. Quando se trata apenas de um artigo de fé, objeto de uma crença que se perpetua pela educação familiar recebida, podem ocorrer rupturas, pois, apesar da grande influência desta sobre as criaturas, a prática demonstra que muitas se libertam das ideias recebidas, como se pode verificar pelo fato de certos pensadores adotarem ideias materialistas, recusando a própria existência de Deus, que lhes foi ensinada na infância. No entanto, quando a vida futura pode ser comprovada experimentalmente, não se pode mais falar de uma crença respeitável, passível, porém, de ser recusada com argumentos, e, se não for o caso de indivíduos que têm horror a tudo o que lhes contraria as ideias preconcebidas, essa comprovação irá determinar mudanças radicais em seu modo de encarar a vida terrestre. Não sendo mais a vida na Terra a única instância, os objetivos do indivíduo não podem aí se fixar exclusivamente; os efeitos dos atos não estarão mais limitados ao período de tempo diminuto entre o nascimento e a morte. Afinal, é do interesse de cada um procurar viver atento para esses efeitos, tendo em vista não apenas as leis humanas, muitas vezes injustas, porém a Lei divina, sempre justa e inderrogável. Em outras palavras, o homem não deverá mais concentrar-se apenas em sua vida particular, buscar somente seus interesses, dominado por impulsos egoístas: o conhecimento da vida futura e da justiça que lhe é inerente deve conduzi-lo a um maior respeito aos direitos alheios e induzi-lo a uma convivência mais fraterna com os demais seres, à extensão dos laços de fraternidade e de solidariedade, pois voltará a encontrar, na vida espiritual, todos aqueles a quem feriu ou prejudicou, como aqueles a quem ajudou e beneficiou. Por outro lado, a certeza na vida futura dá mais alento e fortalece melhor o indivíduo para enfrentar as dificuldades na Terra, por sabê-las passageiras, e, assim, não só aos jovens fornece as esperanças de renovação no decorrer da vida, mas, aos mais idosos, àqueles que estão à véspera da partida, fornece-lhes idênticas esperanças, para que tomem consciência de que não devem cruzar os braços, aguardando a visita da morte, porquanto todas as ações e omissões terão consequências na vida além-túmulo. E isto não poderá conduzir os indivíduos, desde agora, a retificarem o que deve ser corrigido, a continuarem os estudos, a desenvolverem a amizade e o amor aos semelhantes, desde que nada fica perdido, que a morte é apenas uma extensão da vida? Podemos concluir, pois, que a vida futura é realmente um princípio basilar para o desenvolvimento da filosofia espírita e, inquestionavelmente, para a moral espírita.

NOTAS

1. Vida futura

> Esse dogma, pois, pode ser considerado como o eixo do ensinamento do Cristo; é, por isso, colocado em um dos primeiros lugares no início desta obra, porque deve ser o ponto de mira de todos os homens; [...]. (*O evangelho segundo o espiritismo , cap. 2, nº 1*)

> A teoria da vida futura é, pois, a pedra angular de toda doutrina religiosa. ("Consequências da doutrina da reincarnação sobre a propagação do espiritismo" *in Revista Espírita* de 1862, p. 104)

> Todas as questões morais, psicológicas e metafísicas se ligam de maneira mais ou menos direta à questão do futuro. Disso resulta que essa última questão, em certo modo, depende da racionalidade de todas as doutrinas filosóficas e religiosas. Por sua vez, o espiritismo vem, não como uma religião, mas como doutrina filosófica, trazer a sua teoria, apoiada no fato das manifestações. (*idem*, p. 105)

> Como dissemos, a vida futura é o objetivo essencial de toda doutrina moral. Sem a vida futura, a moral não tem base. A vitória do espiritismo está precisamente na maneira que apresenta o futuro [...]. (*ibidem*)

2. Justiça divina – Sobre sua ação, veja Allan Kardec, *O céu e o inferno*.

3. Reencarnação

Dir-se-á que a reincarnação não é necessária para crer nos espíritos e em sua manifestação; e a prova disso é que há crentes que não a admitem. É verdade. Também não dizemos que se não possa, sem isto, ser bons espíritas. Não somos daqueles que atiram pedras aos que não pensam como nós. Apenas dizemos que eles não abordaram todos os problemas levantados pelo sistema unitário, sem o que teriam reconhecido a impossibilidade de lhes dar uma solução satisfatória. ("Consequências da doutrina da reincarnação sobre a propagação do espiritismo" *in Revista Espírita* de 1862, p. 106)

4. Espiritualismo – Do fato da crença na Divindade não decorre obrigatoriamente o reconhecimento de uma vida futura. Os saduceus, por exemplo, a rejeitavam, apesar da crença em um Deus único.

5. Nomenclatura – *O livro dos espíritos*, Introdução, item I.

19. Mediunidade e Doutrina

A mediunidade, no campo espírita, é sempre um tema muito atual. Como se sabe, foi a partir dos fenômenos mediúnicos que a doutrina espírita se constituiu, isto quer dizer que ela não é o resultado da elucubração de uma mente isolada, mas se formou, pelos tempos, com a colaboração dos espíritos superiores e do homem. Tornou-se, assim, indispensável o estudo da mediunidade, da sua natureza, dos seus procedimentos, da sua finalidade, bem como do seu instrumental, ou seja, do médium e de suas qualidades. Destarte, já se demarca a amplitude dos estudos e certas limitações inerentes não só ao objeto do espiritismo, como ao próprio instrumento de pesquisa. Havemos de convir que, por melhores sejam os médiuns, Deus impõe sempre limites ao homem, e não pode ele, de uma hora para outra, apropriar-se de certos conhecimentos de ordem espiritual, nem obter a substituição do esforço científico pela revelação pura e simples da ciência pelos espíritos. Isto foge aos objetivos da doutrina que não veio ocupar o lugar da ciência terrena pela lei do menor esforço. Todos sabemos que não é assim que as coisas funcionam. Os espíritos podem fazer revelações, antecipações de algumas invenções,[1] de certas leis, mas não devem nem podem substituir a tarefa que é própria do ser encarnado, porque os objetivos são outros.

Temos de considerar sempre os limites impostos pelo instrumental utilizado. O fato de termos um médium desenvolvido, em plena atividade, sério, não nos permite esperar que possamos fazer um curso completo de espiritismo com seu auxílio, porque cada médium tem faculdades específicas, nenhum médium possui todas as qualidades mediúnicas. Não há nenhuma novidade nisto, trata-se mesmo de uma limitação humana, de ordem geral, relativa ao conhecimento: nenhum sábio conhece toda a ciência nem está em condições de trabalhar em todas as áreas. Existem, pois, limitações que devem ser respeitadas, quando se deseja que o trabalho possa produzir frutos.

O primeiro passo na prática mediúnica é a formação de um grupo. Os estudos da doutrina são, sem dúvida, indispensáveis durante a sua constituição e existência. Naturalmente, a atividade mediúnica exige a presença de médiuns, e estes devem ser sérios: esta é uma condição indispensável qualquer que seja o grau de suas faculdades. Em doutrina espírita, o trabalho nunca é isolado e, comumente, um médium está ligado a um grupo. É preciso que este não se limite a ser apenas um conjunto particular de apoio a determinado médium, por mais destacadas sejam as suas faculdades. A doutrina possui objetivos maiores que um indivíduo[2], e não se pode esquecer que toda criatura é, em princípio, falível. E o que ocorreria se esse médium "tão importante" para ser a razão de uma instituição desencarnasse, ou abandonasse o campo de trabalho espírita, ou já não se lhe pudesse qualificar de sério? Não se pode restringir as tarefas de um grupo a um médium, por mais destacados sejam seus atributos mediúnicos. As tarefas espíritas guardam um enlace com a própria revelação espírita: esta é coletiva, e aquelas se desenvolvem também coletivamente.

O segundo passo é sempre determinar a confiabilidade dos médiuns e suas especialidades. Não quer dizer que devamos criar novas categorias de médiuns – confiáveis e não-confiáveis. Nada disto; a introdução de tais termos só serviria para criar divisão entre os espíritas, porque surgiria sempre a questão de saber quais seriam uns e outros, e os grupos se dividiriam. A confiabilidade a que me refiro é a moralidade e a seriedade do médium, o total desinteresse na prática mediúnica, a dedicação à doutrina etc. É neste sentido que temos um médium confiável: um médium sério[3]. Esta característica não é patrimônio de determinados médiuns, ao contrário é indispensável em qualquer médium engajado nos serviços da doutrina.

Não esqueçamos, porém, que o fato de ser um médium sério não o afasta de erros e enganos. E é exatamente aí que podemos observar o engano dos companheiros que, sem muita atenção, procuram criar uma nova categoria de médiuns, como se os titulados como confiáveis estivessem a salvo de erros, ou seja, que todo produto de suas faculdades estivesse isento de crítica. Tal ilação estaria a conferir ao médium uma qualidade inexistente no homem – a da infalibilidade. Não existem médiuns infalíveis: não só a natureza humana se opõe à aquisição desta qualidade, como o próprio processo de transferência de informação gera falhas devido a ocorrências de defasagem de onda entre o emissor e o receptor, isto é, entre o espírito e o médium. Aí reside a causa de falhas numa comunicação – erros de filtragem –, que devem ser corrigidos na prática pelo médium ou por quem o auxiliar no estudo das mensagens. Não há nenhum desdouro nisto, porque tais ocorrências não dependem da seriedade do médium. Aliás, elas podem transformar-se em pedra de toque para testar sua humildade, porque aquele que se revolta, se desespera, quando estes enganos ocorrem, demonstra um certo orgulho, julgando ser o produto de sua mediunidade sempre de primeira qualidade e estar ele acima da humanidade. Ora, sabemos que, muitas vezes, o espírito pensa escrever ou falar algo, mas o médium se adianta e deforma o comunicado. O fato ocorre por não estar a mente mediúnica desligada no processo de comunicação: suas ideias pessoais podem emergir e ocasionar a troca do ditado pelo seu conhecimento, ou, digamos, pelo desconhecimento em determinado assunto. Médiuns existem mais sujeitos a erros, o que decorre de um precário desenvolvimento das faculdades, do grupo de trabalho onde as desempenha ou de situações do momento, sempre que a onda mental do espírito não é recepcionada integralmente pelo medianeiro. São dificuldades que podem ser vencidas, ultrapassadas. O importante sempre é a seriedade do médium, sua dedicação, sua humildade, porque esta é a chave que lhe vai dar segurança no exercício mediúnico. Não se pode confiar em um médium cuja integridade moral não pode ser posta à prova, que recebe presentes a título de reconhecimento por suas atividades, que se deixa engabelar por elogios, que não tem qualquer disciplina. Ainda quando os bons espíritos possam transmitir-lhe mensagens, o 'artigo' fica sempre sob desconfiança, como ocorre na vida terrena diante do produto de uma fábrica cujas mercadorias já apresentaram defeitos na qualidade e até na quantidade. É, portanto, um produto sob suspeita.

É preciso também não esquecer que não pode designar-se como sério, o médium que não se dedica aos estudos, que espera tudo dos espíritos, ou pensa já saber tudo o que é necessário conhecer. Embora, em muitas ocasiões, os espíritos tenham trabalhado com médiuns que eram analfabetos e semianalfabetos, hoje em dia, como previu Allan Kardec, procuram os melhores médiuns, aqueles que se prestam melhor para receber seus ditados, porque o médium que oferece mais recursos intelectuais facilita-lhes o trabalho[4]. Não se exige do médium seja um poço de cultura: é preciso que procure, isto sim, conhecer a doutrina e adquira conhecimentos gerais etc. Para isto, não basta apenas acercar-se de livros, é necessário estar atento para a vida. Muita coisa se aprende na convivência pessoal, com a vida, junto aos companheiros possuidores de maiores conhecimentos, em grupos de estudos etc. Não se pode alegar dificuldades na obtenção do conhecimento, porque a escola da vida é muito rica para aquele que deseja aprender: não faltam livros, bibliotecas, revistas, jornais; há muita coisa que enriquece o conhecimento, e o médium não pode ficar à parte, pois os espíritos vão falar-lhe exatamente das necessidades dos homens. Que adiantariam muitas revelações do mundo espiritual com o alheamento da vida terrestre onde o médium está instalado? O objetivo da revelação é o aperfeiçoamento do homem, é conferir-lhe a certeza da sobrevivência para alicerçar a sua opção moral de vida, certificando-lhe a responsabilidade individual e coletiva, que não se restringe ao tempo de uma existência. Ajudaria pouco falar apenas da vida espiritual, descrever cidades etc. etc., se tudo isto não tivesse como finalidade levantar um pouco o véu da vida futura para revelar ao homem sua responsabilidade pela conduta com que se houver na Terra.

Referi-me à necessidade de estudar as qualidades dos médiuns, ou seja, as diversas categorias, porque os médiuns têm especialidades que limitam o seu quefazer mediúnico, sem dúvida alguma. A limitação e especificidade do instrumental são próprias de toda ciência. Um microscópio, uma luneta, um telescópio etc., têm limitações derivadas do tipo, qualidade, alcance, como as que se referem ao objeto de observação ou de controle. Então, por que se deveria esperar que um médium possuísse todas as qualidades? Allan Kardec, apercebendo-se disto, procurou analisar as várias espécies de mediunidade a fim de classificá-las em categorias que permitissem seu estudo. Ao entrarmos em contato com os fenômenos mediúnicos, ao desejarmos obter determinadas manifestações, é preciso estar atento e não esperar do médium o que esteja além de suas possibilidades. Existem organizações mais dispostas para fenômenos de efeitos físicos, outras para fenômenos de efeitos intelectuais, e dentro destas categorias gerais da mediunidade, vamos encontrar médiuns com faculdades para transporte, para materialização, para cura, para deslocamentos de objetos, para projeções do perispírito, para ditados de ordem científica, de conteúdo filosófico, ou relacionados ao âmbito da moral e da religião, ou ao campo literário, uns mais inclinados para a prosa, outros para a recepção de versos, e assim por diante. Ainda no bojo destas categorias, não existem duas mediunidades iguais, elas sempre diferem em algum pormenor. O investigador sério, conhecedor do assunto, terá sempre isto em vista. Quando se quer obter um certo tipo de conhecimento na Terra, há de procurar-se um especialista na área desejada; não há possibilidade de obter de um físico conhecimentos jurídicos e vice-versa, quando se ultrapassam os limites da divulgação científica. E devemos atentar ainda que os físicos e os juristas não estão preparados para cobrir toda a área de conhecimento da física ou do direito. Existem certas limitações a que se deve estar atento na investigação mediúnica, sem o que só se poderá colher dissabores. Devido a isso, Kardec chamou a atenção para a impossibilidade da realização de um curso completo de espiritismo nos moldes de um curso de ciências, porque um médium não possui todas as faculdades nem se pode ter à mão médiuns de variadas categorias[5]. Há necessidade da comunhão de esforços, dos estudos, como ocorre, aliás, em uma comunidade científica.

Essas observações demonstram que o estudo da mediunidade não pode ser colocado à parte, fora da ordem do dia. Não somos ainda detentores de todas as soluções. No mundo espiritual, não as possuímos e dedicamo-nos a experimentar com diferentes médiuns a fim de verificar quais nos fornecem os elementos mais manipuláveis para um ditado ou uma identificação. Somos conscientes da limitação de nossos conhecimentos: podemos cometer erros. Os espíritos realmente sérios evitam falar do que desconhecem, embora fique a parecer a muitos companheiros que seus ditados são limitados, que eles deveriam expressar-se com mais sabedoria, fazer mais revelações. Só os espíritos levianos e os pseudossábios se aventuram a dar palpites sobre tudo, a se expressarem como possuidores de uma sabedoria universal. Disto decorre a exigência de trabalhar com médiuns moralizados, que não atraiam, com seu comportamento, espíritos dessa categoria ou piores, capazes de colocar todo um trabalho a perder. Como se pode ver, a tarefa doutrinária se estende pelos dois lados da vida e exige de cada trabalhador, encarnado ou não, condições específicas para um trabalho sério.

NOTAS

1. Invenções – Veja *O livro dos médiuns*, nº 294 e *O que é o espiritismo*, 2º Diálogo: "Diversidade dos espíritos" (última questão).

2. Finalidade da faculdade mediúnica

> Não creias que a faculdade mediúnica seja dada somente para correção de uma, ou duas almas, não. O objetivo é mais alto: trata-se da Humanidade. Um médium é um instrumento pouquíssimo importante, como indivíduo. Por isso é que, quando damos instruções que devem aproveitar à generalidade dos homens, nos servimos dos que oferecem as facilidades necessárias. (*O livro dos médiuns*, nº 226:5)

3. Médium sério – Veja *O livro dos médiuns*, nº 197.

4. Recursos intelectuais na mediunidade – Os espíritos de Erasto e Timóteo esclarecem que, com médiuns pouco instruídos, é mais penoso o trabalho que desenvolvem para transmitir as mensagens. E acrescentam:

> Por isso é que ficamos felizes ao encontrarmos médiuns bem apropriados, bem apetrechados, munidos dos materiais prontos a serem utilizados, bons instrumentos numa palavra, porque então o nosso perispírito, agindo sobre o perispírito daquele que nós *mediunizamos*, nada mais tem que fazer que dar a impulsão à mão que

nos serve de caneta ou de lapiseira; enquanto que, com os médiuns inábeis, somos obrigados a fazer um trabalho análogo àquele que fazemos quando nos comunicamos mediante pancadas, isto é, indicando letra por letra, palavra por palavra, para formar cada uma das frases que traduzem os pensamentos que pretendemos comunicar.

É, por isso, que nos dirigimos, de preferência, às classes cultas e instruídas para a divulgação do espiritismo e o desenvolvimento das faculdades mediúnicas escreventes, embora seja nessas classes que se encontram os indivíduos mais incrédulos, mais rebeldes e mais imorais. (*O livro dos médiuns*, nº 225)

Casos como o relatado por Eliseu Rigonatti constituem exceções a validarem a regra. Rigonatti reporta-se à médium Maria Antônia, analfabeta, que incorporou o espírito de um japonês a expressar-se inicialmente em japonês corrente e, em seguida, em um dialeto japonês, extinto há séculos, o que obrigou o intérprete a fazer anotações e consultar seu pai, um homem culto, que, ajudado por dicionários e gramáticas históricas, conseguiu traduzir o texto para a linguagem moderna (*O evangelho das recordações*. São Paulo, Pensamento, 1994, pp. 18 -20).

5. Médiuns de variadas categorias

Acrescentemos ainda que, para os obter [os fenômenos], precisamos de pessoas dotadas de faculdades especiais e que estas faculdades variam ao infinito, de acordo com as aptidões dos indivíduos; ora, como é extremamente raro que a mesma pessoa tenha todas as aptidões, isso constitui uma dificuldade a mais, porque seria mister sempre ter à mão uma verdadeira coleção de médiuns, o que não é possível. (*O livro dos médiuns*, nº 31)

Os médiuns têm, em geral, uma aptidão especial para esta ou aquela ordem de fenômenos, donde resultam tantas variedades, quantas são as espécies de manifestações. (*idem*, nº 159)

20. Problemas Familiares

Múltiplas dificuldades por que passa recentemente o mundo são, em parte, decorrentes da desagregação familiar, que se torna mais evidente a cada dia com consequências assaz graves para o contexto social. O problema se agrava porque nenhuma providência efetiva é tomada para atacar as fontes de dispersão, e o resultado é que as novas gerações aprofundam os desvios, despreparadas que se encontram para exercer o papel relevante no seio da célula mater da sociedade. Não tiveram elas a oportunidade de receber a educação necessária e suficiente para a construção da personalidade e, assim, provoca-se um 'efeito dominó', um 'efeito cascata', como se costuma dizer. E tudo isto porque desapareceu a formação básica, os valores religiosos foram colocados de lado, e o consumismo foi erigido em meta social, preparando-se a infância e a juventude para o papel de consumista. A visita a um supermercado evidencia isto: carros próprios para que crianças façam compras, disputem com os pais na arte de gastar; contas abertas em bancos para indivíduos ainda não produtivos, incentivando-os a 'arrancar' maiores valores da renda familiar; cartões de crédito para aprendizagem desenfreada do consumo. É claro que novas margens de desentendimentos se registram ante estes incentivos, porque afinal as despesas são sempre livres, porém as entradas são limitadas ao trabalho despendido, caso não se trate de capitalistas que têm a possibilidade de enriquecer ainda quando dormem ou se encontram em pleno lazer. O desmantelamento da família não poderia deixar de refletir-se no meio social: vemos os choques de geração se agudizarem, o despreparo dos jovens lançados cedo na disputa de 'um lugar ao sol' sem nenhuma estabilidade moral, a violência sacudir a sociedade pelas mãos dos que não conseguem participar de seus frutos, das benesses da civilização, que não estão preparados para a competitividade social e preferem a marginalidade violenta, por não disporem de inteligência sequer para o ingresso em formas não-violentas de criminalidade. Assim, temos um fenômeno social moderno, o de indivíduos e famílias presas em seus domicílios, amedrontadas, obrigadas a recolherem-se, enquanto os criminosos têm a liberdade de ir e vir... E muitas vezes nem assim encontram a necessária proteção. Por dentro dos próprios lares, os desentendimentos cada vez mais terminam em tragédias, açulada a ganância de jovens que, despreparados para a conquista de seu próprio lugar e ansiando o domínio de valores para o consumo, destroem a vida de familiares, sequestram parentes, demonstrando, enfim, o desaparecimento dos sentimentos mais profundos de fraternidade que outrora uniam as famílias.

Muitos hão de ver nesse estado de coisas apenas um reflexo da reencarnação de espíritos inimigos no meio familiar. Sem dúvida, esta hipótese não pode ser descartada. Mas a reencarnação, ao oferecer a oportunidade de reingresso de desafetos do passado no círculo da vida terrestre, tem por finalidade ofertar-lhes a possibilidade de construção de laços afetivos, e não de aprofundar as lutas e aumentar os débitos. Diante de ocorrências desagradáveis, devemos lembrar que nem sempre foram tomadas as providências para que as desavenças do passado, geradoras do ódio, permanecessem adormecidas e fossem eliminadas. Ora, numa sociedade em que o consumo e a competitividade, o lucro e o afã por lazer passaram a ser os pontos de referência para o sucesso, existe todo um caldo de cultura capaz de despertar as antigas inimizades, quando a família se mostra despreparada para o trabalho de construção de vínculos sólidos. Disto não há dúvida.

O problema se agrava quando os governos não se revelam interessados em resolver problemas sociais, apenas cuidam de aspectos econômico-financeiros, empreendem gastos para modernizarem tudo, embora certos de que a maior parte da população continuará excluída do gozo das vantagens oferecidas. E, quando são oferecidas, não se a educa para desfrutá-las. Por sua vez, a mídia, cada vez mais influente na formação dos indivíduos à medida que ocorre a diminuição da influência dos valores familiares, os predispõe para a prática desenfreada do sexo e para a violência por meio de imagens, estimulando a revivescência de cenas do passado na mente infantil e da juventude.[1]

A falta de valores religiosos é, sem dúvida, uma das causas dessa desagregação: a criança recebe toda espécie de estímulos, vê-se envolvida por inúmeras atividades, mas nenhuma formação básica dos valores espirituais, que ajudariam a contrabalançar os apelos consumistas e os instintos. Falo da ausência de uma verdadeira educação em que a criança e o jovem recebessem orientação devida e exemplos dignificantes, e não apenas fossem levados a praticar rituais, aceitar dogmas etc., em cuja eficácia não conseguem mais acreditar. Refiro-me aqui à formação religiosa como formação moral, pois nesta encontramos o lastro indispensável para construir uma vida digna e honesta, para participação no todo social e até para alcançar níveis mais elevados de transcendentalidade. Não me refiro à religião tornada *show*, em que os valores reais são desprezados. Dir-se-á que é o meio de atrair os jovens. O que se vê, porém, é que, nesses encontros multitudinários, nada se recolhe para a formação ética da criatura. O número de adesões a uma religião não gera transformação efetiva do meio social, e o fanatismo se acentua.

Para que os laços de família sejam robustecidos, se faz necessário combater o egoísmo. Quando cada um só pensa em si, na satisfação de seus interesses, no esgotamento do cálice de prazer sempre renovado, como esperar fortalecimento daqueles vínculos, como esperar a formação de laços sociais fortes? Da família nasce o tronco da solidariedade social. Os espíritos situaram na família a base do progresso social[2], porque a partir desta é possível tecer a rede de solidariedade e fraternidade entre os membros de grupos sociais. Antigamente, em cidades pequenas ou em distritos do interior do país, encontrávamos famílias ligadas por laços sociais mais fortes, que se ajudavam, prontas a socorrem-se umas às outras, onde o respeito mútuo não era substituído, como hoje ocorre, pelo título de 'doutor'. O lixeiro merecia sempre consideração, como a lavadeira, a dona de casa, enfim, se contavam mais os valores morais, embora, é verdade, o fato de haver um médico, por exemplo, na região fosse sempre um motivo de muito orgulho, sendo ele tratado com muito respeito e carinho, o que não se devia apenas ao título, porém à dedicação para com os enfermos, aos serviços que prestava, muitas vezes gratuitamente, interessado sempre no bem-estar de seus clientes, que afinal eram pessoas com quem convivia todos os dias, ao fazer compras, ao passear na praça etc. etc., e não apenas com encontros marcados nos consultórios: era o 'médico da família'. Com isto, já estamos a reconhecer que as grandes cidades, com as dificuldades que lhes são inerentes, com o distanciamento das pessoas, propiciam o abastardamento das relações, o aumento do egoísmo, porque cada um está apenas interessado em resolver seus problemas, revelando-se despreparado para manter um verdadeiro convívio social. Veja-se o que acontece nos edifícios de apartamentos, muitas vezes verdadeiras colmeias: as pessoas mal se cumprimentam, não ligam se determinadas atitudes prejudicam os outros condôminos, não estabelecem laços de amizade, embora se encontrem diariamente nos elevadores, onde mal se falam. E quando se relacionam, geralmente o fazem em volta de garrafas de cerveja ou de outras bebidas alcoólicas... Tudo isto são manifestações claras do egoísmo e consequentemente do enfraquecimento dos laços sociais.

O espiritismo surge no seio da sociedade como um reconstrutor de seus valores. Daí a importância da transmissão das ideias fundamentais para que atinjam um maior número de indivíduos. A dificuldade, em geral, existente na educação, é a falta de ideias salutares concretas, e não apenas teóricas, adaptáveis à sociedade atual, e a ausência de educadores que realmente as espelhem em sua conduta a fim de que as lições possam ser autenticadas com modelos de vida. O espiritismo tem noções capazes de fornecer ao indivíduo o direcionamento preciso no campo ético. Por meio da demonstração efetiva da vida futura, deslocada do ato de simples crença para tornar-se fato, submetido à experiência no intercâmbio mediúnico e por meio da reencarnação, satisfazendo assim as exigências científicas que, hoje, são tão caras e requisitadas pelo meio cultural, o espiritismo destaca a responsabilidade de cada indivíduo pelos eventos da existência coletiva, responsabilidade que não se cinge aos aspectos jurídicos decorrentes de suas ações, mas ao itinerário imposto à vida social com seu comportamento, comparte e verdadeiro sócio que é da vida comunitária, com responsabilidade efetiva pelo seu crescimento em termos de solidariedade e fraternidade e pela sua direção. O objetivo maior da própria vida humana é o encontro com Deus.

A outra condição, indispensável para a inserção dos valores educativos, diz respeito ao homem, portanto, igualmente, ao espírita como agente transmissor da mensagem de origem espiritual. Ele só poderá ter efetiva influência na medida que viver esses valores, encarná-los, como se diz, quando for um construtor da doutrina pelos atos praticados no ambiente em que se encontra inserido. No meio espírita, as lutas pelo poder, as intrigas, as desavenças, demonstram um certo despreparo para a condução da casa espírita. 'Desafetos de carteira', prontos para desentendimentos, revelam o fundo de personalidades ainda não ajustadas aos propósitos do Consolador. Tais condutas revelam grandes falhas, prejudiciais ao papel que a doutrina deve assumir no contexto da vida social como elemento reconstrutor de seus valores.

Há uma sentença muito repetida, mas não levada convenientemente a sério: "o espiritismo será aquilo que dele fizerem os homens". Esta advertência de Léon Denis[3], apesar de reproduzida com insistência em palestras e jornais, não tem conseguido despertar os espíritas para que reflitam sobre a responsabilidade da vivência da doutrina e para seu papel como agentes sociais de transformação ética. Todos sabemos, pela experiência, que não basta a repetição de lições, por mais belas e profundas que sejam, se não são reveladas na vida dos profitentes de uma religião ou nos defensores de uma filosofia. O 'faça o que eu mando, mas não o que eu faço' está há muito desmoralizado. A educação dependerá do educador, por ser ele o transmissor da vontade ética de transformação do mundo.

Essas palavras, coloco-as aqui para lembrar aos espíritas que não basta a condenação dos erros do governo ou da mídia, nem discursar sobre o papel social da família: é preciso fazer mais que isto, é necessário colocar a própria vida como exemplo, para que o espiritismo possa se tornar um caldo de cultura na transformação dos valores atualmente predominantes na vida social.

NOTA

1. Televisão e sexo – Agnaldo Silva, autor de telenovelas de sucesso na Rede Globo, falando a respeito das consequências da exploração da sexualidade nas novelas, deu o seguinte depoimento, publicado no número 91 da *Revista Cult*:

> **Cult – Você acredita que o bombardeio de sexo na TV aberta pode, de alguma maneira, estimular a sexualidade precoce nas crianças?**
>
> **A. S.** – Não é só na TV aberta. No Brasil, houve um momento em que esse negócio de sexo exacerbou de tal maneira que as meninas de 12 anos agora são moças! Houve uma mudança hormonal qualquer nas meninas – não nos meninos, que continuam meninos até os 18 anos – e elas, aos 10 anos, começam a virar mulheres. É uma coisa

> pavorosa, porque você vê crianças com um apelo sexual incrível! Está errado! Isso foi uma mudança cultural no Brasil dos anos 1980 para cá que ainda não foi devidamente estudada pelos antropólogos e sociólogos de plantão, que estão mais preocupados com a política do que com qualquer outra coisa e não percebem que isso também é política. É uma mudança sem volta. Você viaja e vê que fora do Brasil as meninas se vestem como meninas. No Brasil, elas se vestem – vou usar uma palavra forte – como piranhas. E os pais acham isso o máximo. Isso é pernicioso e tem que ver com a mídia, com a exploração da sexualidade brasileira, com essa conversa de que a mulher brasileira é sensual. A brasileira não é diferente de nenhuma outra mulher do mundo, mas a levaram a acreditar que ela é um vulcão de sensualidade, e agora a maioria se comporta como tal. Vi em várias ocasiões pais que incentivavam filhas de 7 anos a dançar na boquinha da garrafa! Essas coisas estão na TV, nas revistas, em todos os lugares! Aonde é que vamos parar? Foi por isso que botei aquela personagem adolescente grávida na novela, porque passei três vezes na frente de uma maternidade do Estado e vi que na fila das grávidas, onde havia umas 30 mulheres, pelo menos 20 eram adolescentes, e pelo menos duas não teriam mais que 11 anos. Todas lá, com o barrigão de fora, como se dissessem com orgulho 'olha até onde me levou a minha sensualidade!'. É coisa que só acontece no Brasil.

2. Família – "Por meio das relações anteriores, quis, além disso, estabelecer sobre base espiritual os laços de família e apoiar numa lei natural os princípios da solidariedade, da fraternidade e da igualdade" (*O evangelho segundo o espiritismo* – cap. IV, item 26: nota de Allan Kardec). Veja ainda *O livro dos espíritos*, nº 774 – "(...) Os laços sociais são necessários ao progresso, e os de família mais apertados tornam os primeiros. Eis por que os segundos constituem uma lei da Natureza. Quis Deus que, por essa forma, os homens aprendessem a amarem-se como irmãos" e o nº 775 – "Qual seria, para a sociedade, o resultado do relaxamento dos laços de família?" Resposta: "Uma recrudescência do egoísmo."

3. Léon Denis – *No invisível*. 6ª ed., Rio de Janeiro, FEB, 1957, p. 8.

À Guisa de Posfácio

UMA PÁGINA SINGULAR[1]

Mantém-te firme na tarefa e trabalha. Somos apenas responsáveis pelo serviço que nos cabe realizar. Cada trabalhador tem seu espaço e é responsável pelo que produz. Não adiantam discussões que nos levam ao destempero. Aqui, como aí, há opiniões distintas sobre muitas coisas. Se permanecermos fiéis aos compromissos assumidos, encontraremos a luz.

Não te esqueças, há diversidade de dons e cada indivíduo trabalha no campo que lhe foi reservado. Sendo a caridade o nosso maior lábaro, é preciso não esquecer que ela cresce em nós e em nossas atitudes em relação ao nosso irmão, sem o que todas as manifestações externas não têm qualquer valor. Ensinar, transferir conhecimento, despertar mentes é uma tarefa de caridade, porque se a uns é necessário o pão do corpo, outros sentem urgência de orientação em suas vidas. E cada um de nós não pode esquecer que o alimento da mente trabalha para sustentar a alma contra os desvarios da ignorância, e não só para um dia passageiro na Terra. Somos o que somos pelos nossos pensamentos, que se convertem em ações.

Existem feridas morais, aleijões mentais, cegueiras espirituais etc., e o papel da doutrina também é este: curar os caídos em desvalia espiritual por falta de orientação.

Essa tarefa sempre julguei indispensável e não há motivo agora, refletindo sobre tudo, para mudar de opinião.

O amigo,

DEOLINDO AMORIM

NOTA

1. Mensagem psicografada em 15.10.1999.

Pensar e Refletir

Entrevista de Elzio Ferreira de Souza[1]

Elzio Ferreira de Souza, 79 anos, é um escritor baiano que nos foi apresentado pelo também escritor Pedro Camilo. Tímido, Elzio não gosta de falar sobre si, mesmo assim aproveitamos da melhor forma possível esta entrevista e fizemos com que o escritor se soltasse e discorresse sobre suas obras.

Seu primeiro contato com o espiritismo aconteceu de uma conversa com o amigo Manoel Borges. "Este questionou sobre o destino de um jovem que morresse na flor da idade, sem oportunidade, portanto, para desenvolver sua capacidade intelectual etc., enquanto outros indivíduos, por alcançarem idade avançada, teriam oportunidade maior para obtê-la. E questionou sobre a Justiça Divina. Tomei o lápis e o papel que estavam sobre um balcão e escrevi que a morte prematura não impediria a evolução do indivíduo, porquanto ele poderia voltar à Terra e continuar seu desenvolvimento. Ele me perguntou se eu era espírita, e respondi-lhe que não. Ele era, e convidou-me para participar do culto do evangelho no lar juntamente com sua esposa", afirmou Elzio. Essa conversa aconteceu em 1951 e, desde então, são mais de 50 anos voltados à doutrina espírita.

O escritor dedica grande parte de seu tempo aos trabalhos no Círculo Espírita de Oração, em Salvador, Bahia. No centro, ele realiza diversas atividades, participando das reuniões doutrinárias, mediú-

1 Entrevista concedida à revista *Universo Espírita*.

nicas, do serviço de assistência às pessoas carentes e do serviço de orientação espiritual, da organização da biblioteca, dos trabalhos de conservação dos prédios, da direção coletiva e da confecção e publicação de livros.

Estudioso da doutrina, Elzio conheceu personalidades como Chico Xavier e Deolindo Amorim. Deste, psicografou a obra *Espiritismo em movimento,* que foi publicada com o nome de Deolindo, a pedido de sua esposa, dona Delta Amorim. Além dessa obra, Elzio escreveu uma série de livros em parceria com seu guia espiritual Yogashririshnam, espírito hindu, carinhosamente chamado de Yoguin – em sânscrito, "aquele que tem alcançado um alto nível de realização espiritual". Nesta entrevista, conheça um pouco mais a respeito da obra que Elzio psicografou com o espírito Deolindo Amorim e como é realizado o seu trabalho na produção de um livro mediúnico.

Que tipo de mediunidade possui?

Intuição, psicofonia, psicografia. Nos últimos anos, comecei a psicodigitar as mensagens. Os episódios de clarividência têm sido raros. Ocorrem, porém, casos de visão mental e de audição mental. Desde o início das tarefas mediúnicas na cidade de Serrinha e, posteriormente, no Centro Espírita Filhos do Calvário, em Queimadas [ambos na Bahia], estive ligado ao serviço do socorro magnético, do qual só recentemente me afastei.

Como ocorrem os casos de visão e audição mentais?

Chamo de visão e audição mentais quando parecem ocorrer dentro da caixa craniana: a percepção visual ou sonora se dá dentro do cérebro, e não exteriormente. Existem épocas em que ocorrem com mais frequência.

Qual foi o seu contato com Deolindo Amorim quando ele estava encarnado?

Quando escrevi o livro *Socialismo cristão, uma visão espírita do problema*, em 1955, enviei uma cópia para Deolindo Amorim, pelo fato de ele ter feito uma observação sobre o livro *O espiritismo e os problemas humanos*; ele me respondeu com demasiada gentileza, dizendo que subscreveria o trabalho. Mais tarde, fui ao Rio de Janeiro e resolvi conhecê-lo pessoalmente. Entabulamos uma amizade através da correspondência, até a sua desencarnação. Estive com ele, e hospedei-me em seu lar, quando convidado para dar uma aula inaugural do Instituto de Cultura Espírita do Brasil. Ele sempre me enviou seus trabalhos.

Como aconteceu seu primeiro contato com o espírito de Deolindo Amorim?

Estava no trabalho da psicografia, quando surgiu uma mensagem em que o espírito, anunciando a sua presença, disse-me estar exercitando. Na primeira oportunidade, escreveu a primeira mensagem e tentou subscrevê-la, mas impedi. Somente quando me assegurei de que se tratava dele, foi que conseguiu fazê-lo. Mas durante a recepção das mensagens, ele foi constantemente visto pelos nossos confrades em nosso grupo, o que continua ocorrendo. O interessante é que, certa vez, ele apareceu, numa reunião doutrinária, com um terno com listras finas e de chapéu de feltro. Depois de algum tempo, encontrei num livro uma fotografia dele, ainda jovem, com o terno listrado. Em conversa telefônica com dona Delta Amorim, ela me esclareceu que, quando conhecera o Deolindo, ele usava chapéu.

O que você sentiu ao psicografar uma obra de Deolindo Amorim?

Responsabilidade. Enviei, por isso, os textos à medida que os fui recepcionando, para dona Delta, a fim de que ela pudesse opinar. Aliás, foi uma indicação do próprio espírito. Vim a saber depois que este era um costume seu: entregá-los para a leitura e opinião da esposa antes de publicar os trabalhos. Cheguei a questionar com dona Delta se deveria publicar o texto com o nome de Deolindo; e, se o livro traz o nome do espírito, foi por sua insistência. Aliás, ela fez questão de vir a Salvador, quando do seu lançamento em um congresso espírita, patrocinado pela Federação Espírita do Estado da Bahia. Segundo ela me contou, uma de suas filhas insistiu para que o fizesse.

Qual a maior dificuldade que você teve para a realização da obra?

O problema era realmente estar certo da identidade do espírito. O apoio de dona Delta, a crítica interna do grupo e as visões desfizeram qualquer dúvida.

Algum artigo do livro deu-lhe mais trabalho para psicografar?

A questão é sempre manter-se fiel ao pensamento do espírito comunicante, evitando que as ideias do médium não se misturem com as dele, sobretudo quando são feitas diferentes análises, tratando de assuntos tão diversos quanto os constantes da obra. Isto obriga sempre a um trabalho posterior de verificação das ideias expendidas. Nos prefácios escritos pelo espírito e por mim, analisamos, cada um do seu ponto de vista, a questão.

Quais conceitos doutrinários melhor representam a figura de Deolindo Amorim?

Acho que a vivência do evangelho, além da competência doutrinária, da serenidade e da independência. Nunca se dobrou às críticas dos que o acusavam de ter criado uma 'Sorbone'. Ele era um homem dedicado à oração. Quando me hospedei em seu lar, pude perceber que acordava bem cedo e se punha a orar durante largo espaço de tempo. Só depois fazia o desjejum.

Qual a finalidade da obra?

Acho melhor dar a palavra ao próprio espírito de Deolindo, constantes do prefácio que escreveu: "As páginas que se seguem são, portanto, o resultado de um esforço mútuo, para que eu pudesse continuar na antiga tarefa de expressar meu modo de pensar ante problemas que atingem a comunidade espírita brasileira, não para ditar orientação, mas para colocar algumas reflexões de quem, ainda deste lado, permanece envolvido na tarefa, passageiro do mesmo navio".

Como é o seu relacionamento com o espírito Yogashririshnam?

Ele é o mentor que se me apresenta como diretor espiritual. No início, escreveu uma série de mensagens que estão arquivadas. Na época, sentia que havia uma cooperação do espírito de Celina Martin, uma freira que pertencera ao Carmelo Descalço na França, cujo nome religioso era Geneviève de la Sainte Face, e que assistia o grupo há anos. Ele parecia atuar à distância. Depois, começou a escrever pequenas histórias, que foram reunidas pela nossa confreira Diana Santiago e publicadas no livro *Pérolas no fio*, ao qual acrescentei uma série de comentários sobre os vários assuntos tratados.

Quais são as outras obras que esse espírito escreveu?

Yoguin – nome carinhoso com que passamos a referir-nos a ele – ditou depois o livro *Divina presença*, atualmente em segunda edição. Posteriormente, prometeu escrever 500 histórias, o que cumpriu – elas permanecem inéditas. Este foi um desafio maiúsculo, porque jamais pensei que tivesse capacidade para intermediá-las, por fugir ao meu padrão pessoal. Só depois disso, foi que escreveu os diálogos publicados nos livros *Vozes de um encontro*, em 2ª edição, e *Espaço, tempo e causalidade*. Outros permanecem inéditos.

Qual a principal mensagem que esse espírito vem nos deixar?

Da leitura dos textos, posso verificar um entranhado amor pelo mestre Jesus. A direção de seu pensamento está dirigida ao autoconhecimento e à integração no Divino. Nos diálogos, aduz argumentos em suas análises como se trabalhasse com um bisturi, para descerrar o interior do indivíduo, ajudando-o a operar uma transformação mental.

Além de psicografar as obras, nota-se que você tem um extremo cuidado em esclarecer o leitor com notas elucidativas sobre determinado assunto ou questão. Como funciona esse trabalho?

Depois da recepção do livro, quando estou revisando para encontrar possíveis erros de gramática, vão surgindo as ideias para as anotações complementares. Por outro lado, quando tenho dúvidas sobre alguma assertiva feita pelo espírito, passo a pesquisar até conseguir desfazê-las. A bibliografia é, às vezes, tão extensa, que seu valor é superior ao produto das vendas. É, porém, um gasto pessoal. A ideia de comentar os livros surgiu ao verificar que muitos confrades procuravam desvalorizar mensagens de alto teor evangélico recebidas no meio espírita, dizendo tratar-se apenas de 'mensagens'. Resolvi, então, comentar as que foram publicadas pelo grupo, a fim de demonstrar a necessidade de prestar-se atenção ao conteúdo das belas mensagens de Emmanuel, que não se resumem a mero paliativo de consolação, mas trazem em si um caminho de trabalho espiritual para a iniciação espírita.

Fale-nos sobre seus próximos projetos.

Yoguin tem me ensinado a não trabalhar com projetos. O que tem de ser realizado deve ser feito. Naturalmente, existem livros a publicar – e não somente mediúnicos –, mas é apenas uma tarefa: Deus permitirá ou não sua publicação.

Que mensagem você deixa ao leitor?

Acho que a doutrina espírita merece muito mais do que temos feito por ela. As disputas internas têm levado a desvios consideráveis. Por outro lado, é imprescindível que os núcleos espíritas conservem sua independência. O espírita precisa aprender a pensar, a refletir. As pessoas deixaram de fazê-lo e apenas repetem o que os outros pensam. É preciso voltar a Jesus, porque esta é a mensagem da doutrina.

Conheça o Instituto Lachâtre

O Instituto Lachâtre é uma associação que tem por finalidade difundir o espiritismo, como foi definido por Allan Kardec, de maneira ampla, por todos os meios que estiverem ao seu alcance.

Como reflexo do pensamento de seus associados, o Instituto Lachâtre compreende a doutrina espírita em seu tríplice aspecto – filosófico, científico e moral – e considera que todo o conhecimento humano está sempre em constante transformação e que a maior riqueza de que dispõe o espiritismo é a constante evolução de sua doutrina a partir da multiplicidade de contribuições de todos os seus participantes, sejam encarnados ou desencarnados. Por este motivo, o Instituto Lachâtre buscará refletir, sempre que possível, a diversidade do pensamento espírita em suas ações.

Ao definir a personalidade de Maurice Lachâtre, adepto do espiritismo, revolucionário, escritor e editor do século 19, como patrono do Instituto, busca-se, entre outras coisas, defender valores vivenciados pelo referido personagem, pensador que une a atividade intelectual de editor e escritor à ação revolucionária de transformação do mundo em que vive, que não teme rever conceitos, se os considera ultrapassados, para adotar novos princípios e que não busca projetar seu próprio nome para reconhecimento público, mas dedica-se a difundir as ideias e ideais que acredita possam melhorar a sociedade em que vive, independente dos nomes que as assinam.

Esta edição foi impressa, em junho de 2012, pela Sermograf Artes Gráficas e Editora, Petrópolis, RJ, para a Editora Lachâtre, em formato fechado 140x210 mm e com mancha de 105x175 mm. Os papéis utilizados foram o Off-set 75g/m^2 para o miolo e o Cartão Supremo (Ripasa) 300g/m^2 para a capa. O texto principal foi composto em Times 11,2/13,2, as citações em Times 9/10,8 e os títulos em Times 20/30. A programação visual da capa foi elaborada por Fred Aguiar.